오 늘 을
만족하라

하 나 님 은 혜 가 크 다

오늘을 만족하라

지은이 | 한기홍
초판 발행 | 2015. 9. 21
등록번호 | 제1988-000080호
등록된 곳 | 서울특별시 용산구 서빙고로65길 38
발행처 | 사단법인 두란노서원
영업부 | 2078-3352   FAX | 080-749-3705
출판부 | 2078-3331

책 값은 뒤표지에 있습니다.
ISBN 978-89-531-2381-6

독자의 의견을 기다립니다.
tpress@duranno.com   www.duranno.com

두란노서원은 바울 사도가 3차 전도여행 때 에베소에서 성령 받은 제자들을 따로 세워 하나님의 말씀으로 양육하던 장
소입니다. 사도행전 19장 8-20절의 정신에 따라 첫째 목회자를 돕는 사역과 평신도를 훈련시키는 사역, 둘째 세계선교
(TIM)와 문서선교 (단행본·잡지) 사역, 셋째 예수문화 및 경배와 찬양 사역, 그리고 가정·상담 사역 등을 감당하고 있습니다.
1980년 12월 22일에 창립된 두란노서원은 주님 오실 때까지 이 사역들을 계속할 것입니다.

하 나 님 은 혜 가 크 다

오 늘 을
만족하라

한기홍

두란노

차례

이민 교회는 어떤 목회지보다도 어려운 곳입니다. 그러나 한기
홍 목사님은 이국땅 교포들을 위한 목회를 하며 투철한 사명감과
겸손과 덕으로 기다리고 참아 내면서 교회의 부흥을 일궈냈습니
다. 그것은 '인간관계'를 목회의 기본으로 삼고, 분열과 다툼이 있
는 곳에 화목과 사랑으로 관계를 맺었기 때문일 것입니다. "우리
는 누군가를 용서할 자격도 못 되는 죄인입니다"라는 한 목사님의
겸손한 고백이 이를 증명합니다. 한 목사님은 깊은 기도와 말씀
그리고 선교 사역을 통해 하나님의 은혜를 많이 체험하신 행복한
목회자입니다.

이 책에는 한 목사님이 어려울 때마다 기도에 전념하면서 순간마다 깊이 묵상하고 깨달은 만족함의 메시지가 가득합니다. 책을 읽으면서 한 목사님의 삶은 행복한 우물 같다는 생각이 들었습니다. 그의 목회 현장에서 길어 올린 은혜를 함께 마시기를 바라는 마음에서 기쁘게 추천합니다.

··· 정필도 수영로교회 원로목사

한기홍 목사님은 따뜻한 사람입니다. 동시에 그의 마음에는 열정이 넘칩니다. 기도의 열정, 복음의 열정, 선교의 열정으로 가득합니다.

또한 한 목사님을 만나면 행복해지고 편안해집니다. 어디를 가든, 누구를 만나든 자신의 행복을 이웃에게 전염시킵니다. 그래서 가는 곳마다 화평과 기쁨의 공동체가 일어납니다. 한 목사님은 오늘을 만족하며 우리를 행복한 내일로 초대합니다.

만족함이 없고 불평과 불만으로 가득한 이 시대는 한 목사님 같은 리더십을 그리워하고 목말라 합니다. 오늘에 만족하지 못하고 내일을 상실하고 있는 분들에게 한 목사님의 순례 여정은 감동과 은혜의 처방이 될 것입니다.

감동을 모르고 은혜를 잊고 있던 이들에게 이 책을 추천합니다. 우리 모두 다시 일어서서 걸어야 할 순례의 길이 남아 있기 때문입니다.

… 이동원 지구촌교회 원로목사

사람은 누구나 무언가에 열정을 쏟으며 살아갑니다. 어떤 사람들은 인기나 명예, 권세 같은 것들에, 또 어떤 사람들은 돈이나 건강에 온 힘과 시간을 들입니다.

제가 존경하는 한기홍 목사님은 선교에 모든 열정을 다하는 사람입니다. 유학 시절 예수님을 만난 후 오늘까지 예수 그리스도의 절대 지상명령(마 28:18-20)인 선교를 위해 온 몸과 마음을 다 바쳐 헌신하고 있는 하나님의 신실한 종입니다.

그런 한 목사님의 신앙 간증과 선교 열정을 담은 책《오늘을 만족하라》가 출간되어 정말 기쁩니다. 이 책에는 불교 가정에서 태어난 한 목사님이 어떻게 예수님을 만나 변화되었는지, 그리고 하나님이 그의 삶 가운데 어떻게 역사하셔서 오늘날 미국 이민 교회를 대표하는 은혜한인교회를 담임하고 섬기게 되었는지에 대한 진솔한 간증과 고백이 담겨 있습니다.

무엇보다 한 목사님은 '행복한 사람'입니다. 이민 목회는 쉽지 않습니다. 그 쉽지 않은 자리에서 늘 웃음과 평온함을 잃지 않습니다. 저는 이 책 속에서 그 비결을 알았습니다. 아마도 이 책을 읽는 모든 사람이 마지막 책장을 덮으며 저와 같은 깨달음을 얻을 수 있을 것이라 생각합니다.

이 책을 통하여 수많은 사람들이 살아계신 예수님을 만나고, 구세주 예수님을 땅 끝까지 전하기 위해 일생을 바쳐 헌신하게 되기를 간절히 기도합니다.

··· 이영훈 여의도순복음교회 담임목사

저는 한기홍 목사님을 존경합니다. 그 이유는 성령님께 사로잡힌 목회자이기 때문입니다. 복음에 미치고, 영혼 구원에 미친 목회자이기 때문입니다. 한 목사님은 사심이 없는 분입니다. 그런 까닭에 언제 만나도 순결함을 느낍니다. 한 목사님은 하나님 나라의 비전을 품은 이후로 세상의 야심을 버린 분입니다. 그런 까닭에 늘 신선합니다.

이 책은 하나님께서 한 목사님을 통해 역사하신 아름다운 이야기입니다. 한 목사님의 이야기 같지만 자세히 읽어 보면 그를 들어 쓰시는 하나님의 이야기입니다. 그런 까닭에 감동을 줍니다. 저는 책을 읽는 동안에 심장이 뛰는 것을 경험했습니다. 하나님의 심장을 느꼈고, 저자의 심장에 타오르는 불을 느꼈습니다.

이 책은 믿음의 이야기입니다. 믿음으로 사는 것이 무엇인지를 보여 줍니다. 절망이 아닌 희망을 줍니다. 하나님을 통해 무엇이든 할 수 있다는 믿음을 갖게 해 줍니다.

이 책은 기도의 이야기입니다. 한 목사님은 무엇보다 기도의 사람입니다. 40일 금식기도와 철야기도와 새벽기도를 통해 영적 전쟁에서 승리하신 분입니다. 또한 모든 어려움을 기도로 이겨내신 분입니다.

이 책은 선교의 이야기입니다. 선교에 목숨을 걸고 헌신한 교회가 어떻게 복을 받는지를 보여 줍니다. 또한 좋은 만남을 아름답게 가꾼 이야기입니다. 한 목사님은 하나님을 경외하고, 영적 스승을, 그리고 성도 한 사람 한 사람을 존중하는 삶을 살고 있습니다.

이 책은 목회의 이야기입니다. 목회자가 어떻게 성도들을 섬기고, 교회를 건강하게 세우고 있는지를 보여 주는 목회의 지침서입니다.

이 책은 은혜의 이야기입니다. 하나님의 은혜가 얼마나 놀랍고, 얼마나 풍부한지를 보여 주는 책입니다. 복음을 경험한 한 목회자를 통해 하나님이 얼마나 풍성하게 역사하셨는지를 보여 주는 책입니다.

저는 이 책을 깊은 기도를 체험하기 원하는 분들에게 추천하고 싶습니다. 굳센 믿음, 큰 믿음으로 주님을 섬기기를 원하는 분들에게 추천하고 싶습니다. 이 책을 건강한 교회를 세우기를 갈망하는 목회자들에게 추천하고 싶습니다. 선교에 헌신한 선교사님들에게 추천합니다.

··· 강준민 새생명비전교회 담임목사

한기홍 목사님은 고통과 환난 중에서도 예수님으로 기뻐하는 안과 밖이 행복한 목사입니다. 깨끗한 마음과 순수한 동기, 깊이 생각하고 돕는 사랑의 배려, 예수님을 닮은 인격, 그리스도의 심장으로 교회를 섬기는 분입니다.

또한 기도로 목회를 하는 기도의 용사입니다. 기도는 한 목사님의 생명이자 삶입니다. 끊임없는 기도로 성령님의 충만하고 초자연적인 능력에 힘입어 말씀으로만 목회할 때, 하나님께서 그분을 통해 많은 기적을 나타내셨습니다. 하나님의 마음을 참으로 기쁘게 하는 행복한 목회자입니다.

한 목사님은 화합과 화해의 챔피언입니다. 가정과 교회, 교단과 지역사회 어느 곳에서든지 평화와 화해, 격려와 기쁨과 행복을 주는 그리스도의 대사입니다.

이 책은 이 같은 그의 목회와 삶을 사실 그대로 적은 책입니다. 이 책을 모든 분들, 특히 목회자들과 선교사, 그리고 화평과 화합을 삶 속에서 이루고자 하는 모든 분들에게 추천하고 싶습니다.

··· 김춘근 장로, JAMA/GLDI 대표

1992년 9월, 남가주의 샌디에이고 갈보리교회에서 처음 담임목회를 시작했습니다. 내부 분열로 상처받은 성도들이 70여 명 모인 교회였습니다. 저는 엎드려 기도할 수밖에 없었습니다.

"주님! 제가 이 교회에서 어떻게 목회해야 합니까?"

사생결단하고 매일 밤마다 강단 밑에서 몸부림치며 부르짖어 간구하였습니다.

어느 날 연약한 종을 불쌍히 여기신 주님의 음성이 들렸습니다.

"행복한 교회를 만들어라! 행복한 목회자가 돼라!"

"어떻게 해야 행복한 목회를 할 수 있습니까?"

이렇게 묻는 내게 주님께서는 마태복음 11장 28절 말씀과 함께 기쁨을 주셨습니다.

> 수고하고 무거운 짐 진 자들아 다 내게로 오라 내가 너희를 쉬

게 하리라

　우리는 이 땅에서 무거운 짐을 지고 살아갑니다. 행복보다는 불행을 더 자주 경험합니다. 그러나 주님은 불행한 우리가 예수님을 만나면 진정한 안식을 얻고 행복한 인생이 될 수 있다는 해답을 보여 주셨습니다.

　그때부터 저는 어떤 성경 말씀을 가지고 설교하든지 예수님만 전했습니다. 교회 사역의 초점을 모든 성도가 예수님을 만날 수 있도록 돕는 일에 집중했습니다.

　그러자 상처받은 성도들, 힘들게 신앙생활 하던 분들이 말씀을 통하여 예수님을 만나고 복음을 체험하면서 치유되고 회복되어 기쁨이 충만한 은혜 생활로 변화되기 시작하였습니다. 침울하던 교회가 평안해지고 기쁨이 넘치고 활력을 얻었습니다. 찬송과 기도 소리가

우렁차게 퍼지는 성령 충만한 교회가 되었습니다. 모두들 예수님을
자랑하고 간증하는 행복한 모습으로 바뀌었습니다.

　인생은 참 생각대로 되지 않습니다. 만족하기에도 늘 여유가 없습
니다. 마치 모래 위에 쌓은 성처럼, 인생은 허무하다고 사람들은 말
합니다.

　사람들은 물질이 많으면, 지식과 명예, 권력을 가지면 만족한 삶
이 될 것이라고 생각합니다. 그래서 열심히 공부하고 일합니다. 새벽
부터 밤까지 명예와 권력을 얻기 위해 나름대로 꿈과 이상을 세우고
바쁘게 뛰며 때로는 목숨을 겁니다.

　그러나 정말 푸른 초원 위에 그림 같은 집을 짓고 골프나 치면서
유유자적 살면 만족할 수 있을까요?

　우리는 주변에서 부와 명예를 다 가지고도 스스로 삶을 포기하는

사람들을 많이 봅니다. 어떤 인생도 소유의 만족으로 행복한 인생이 될 수 없기 때문입니다.

　인생의 행복은 존재론적인 만족으로부터 온다는 사실을 알아야 합니다. 불행 자체가 인간의 죄로 인해 하나님과 멀어진 데에서 왔기에, 하나님을 알지 못한 채로 세상적인 것들을 얻는다고 만족할 수 없습니다. 인간의 저주를 담당하신 예수님의 십자가 사건, 진정 길이요 진리요 생명이신 그분을 만나 천국 백성으로 분명한 신분의 변화를 가져야만 합니다. 자신의 존재가 그리스도 안에서 누구인지를 확실하게 알게 될 때 모든 것이 회복되고 진정한 만족을 누릴 수 있습니다.

　바울은 빌립보서에서 복음을 전하다가 매를 맞고 감옥에 갇혀서

도 자신을 걱정하는 성도들을 향해서 오히려 "기뻐하라 내가 다시 말하노니 기뻐하라"(빌 4:4)고 말했습니다.

어떻게 감옥에서 기뻐할 수 있습니까? 행복할 수 있습니까? 그러나 그의 영혼은 예수님 때문에 주 안에서 말할 수 없는 만족함과 기쁨을 누릴 수 있었습니다.

바울은 오늘을 만족할 줄 아는 사람이었습니다.

> 내가 궁핍하므로 말하는 것이 아니니라 어떠한 형편에든지 나는 자족하기를 배웠노니 나는 비천에 처할 줄도 알고 풍부에 처할 줄도 알아 모든 일 곧 배부름과 배고픔과 풍부와 궁핍에도 처할 줄 아는 일체의 비결을 배웠노라 빌 4:11-12

이민 목회가 어렵다고 합니다. 환란 많은 세상에서 신앙생활 하는 것이 힘들다고 합니다. 예수 믿는 사람들에게 행복이란 단어는 마치 물질적인 축복이나 세상과 거리가 먼 것처럼 여기는 사람들도 있습니다. 그러나 나는 많은 사람이 이 책을 읽고 예수 안에 있는 행복의 비밀을 알기 원합니다. 특별히 녹록지 않은 현실에 지친 현대인들이 이 책을 통하여 오늘을 만족하게 하시는 주님과 만나기 바랍니다.

지난 30년 신앙생활과 목회 현장을 돌아볼 때 시험과 위기도 많았고 고통스러운 일들도 있었지만 그럼에도 행복한 목회를 하고 있습니다. 앞으로 남은 여정도 분명 행복한 시간이 될 것입니다. 행복은 결단코 좋은 환경에 있지 않고 주님과의 관계에 있기 때문입니다. 십자가를 지고도, 좁은 길을 걸어도 주님과 동행하는 삶은 행복한 여정입니다.

　나는 사랑의 빚을 많이 진 목사이기에 감사해야 할 분들이 너무도 많습니다. 주님을 만나서 행복할 수 있도록 내게 은혜의 통로가 되어 준 많은 분들에게 감사하지 않을 수 없습니다.

　귀한 복음을 깨닫게 해 주시고 목회를 가르쳐 주신 김광신 목사님과 사모님, 아들을 위해 눈물로 기도해 주시는 어머니 한병순 권사님, 힘든 목회 여정에서도 버팀목처럼 헌신적으로 동역해 주는 아내 한현숙 사모와 어려운 여건 속에서도 말씀으로 잘 성장해 동역자가 된 두 아들 사무엘과 미나, 엘리야와 이레 가정, 항상 잊을 수 없는 샌디에이고 갈보리교회 성도들, 자랑스러운 은혜한인교회 성도들과 귀하게 동역하고 있는 소중한 선교사님과 교역자님에게 감사합니다.

　지금까지 맺힌 열매는 전적인 하나님의 은혜입니다. 그 은혜가 너무도 큽니다. 나는 오늘도 예수님 때문에 행복합니다. 부족한 종을 사용하고 계신 주님께 모든 영광을 돌립니다.

　이 책을 읽는 분마다 상식을 초월하여 역사하시는 하나님의 은혜를 경험하며 예수가 그리스도이심을 땅 끝까지 전하는 행복한 성도, 위대한 간증자의 삶이 되기를 축원합니다.

2015년 9월
미국 풀러턴에서
한기홍

1부

하나님을 만났습니다

°
•

전도지 한 장이
송두리째 바꾸다

1

야심 찬 정치 지망생을
부르시다

　　　　　사람 인(人)자는 두 개의 기둥이 서로 맞
대고 있는 모습입니다. 인간이 혼자서는 존재할 수 없음을 의미
합니다. 따라서 우리는 타인과의 관계를 잘 이해하고 그 중요성을
알아야 합니다. 그럴 때 행복의 문에 접근할 수 있습니다.

　샌디에이고 갈보리교회의 담임목사로 청빙되어 부임한 지 얼마
안 되었을 때의 일입니다.

　하루는 샌디에이고 상공에 올라 도시를 내려다보며 갈보리교회
와 성도들, 그리고 이 도시에 사는 사람들을 축복하고 싶다는 간
절한 마음이 일었습니다. 그래서 경비행기를 수소문했고, 며칠 후

한 장로님으로부터 연락이 왔습니다.

"목사님, 이웃 중에 경비행기를 갖고 있는 분이 있습니다. 그분이 기꺼이 목사님을 태워 주시겠다고 합니다."

정말 감사했습니다. 나는 마치 소풍 나가는 아이처럼 몹시 들떠서 약속한 당일에 일찌감치 경비행장으로 나갔습니다.

하지만 막상 현장에서 보니 '과연 저 비행기에 탈 수 있을까' 하는 두려움이 엄습했습니다. 그 비행기는 아주 작고 낡은 프로펠러를 달고 있었던 것입니다. 하지만 선뜻 내 요청을 허락해 준 그분의 마음이 감사해 거절할 수는 없었습니다.

티를 내지 않았지만 두려운 마음으로 비행기에 올랐습니다. 그런데 비행기는 마치 나를 비웃기라도 하듯 가뿐히 하늘 높이 오르더니 푸르디푸른 상공을 날았습니다.

한순간 샌디에이고 인근의 태평양이 펼쳐지는가 싶더니 금세 낯익은 거리들과 갈보리교회의 건물이 눈에 들어오고 성도들이 일하는 사업장까지 분간할 수 있을 정도가 되었습니다.

그렇게 30분가량 샌디에이고 상공을 저공 비행하는데 순간 감사의 눈물과 함께 뜨거운 축복기도가 제 입에서 흘러나왔습니다.

샌디에이고는 내가 갈보리교회로 청빙되어 오면서 '관계'를 맺기 시작했습니다. 그때 만난 사람들, 건물들 그리고 시 전체가 내게는 사랑과 축복의 대상입니다. 앞으로도 나는 생명을 다해 그들을 사랑할 것입니다. 그것이 하나님이 기뻐하시는 일임을 나는 그날의 기도를 통해 알게 됐습니다.

우리는 살면서 만나고 헤어지기를 끊임없이 반복합니다. 때로는 내 인생에 큰 영향력을 끼치는 동역자를 만나기도 하고, 그저 스쳐 지나가는 인연을 만나기도 합니다.

그중에서도 가장 중요한 만남은 하나님과의 만남입니다. 하나님과 관계 맺는다는 것이 곧 축복이고 행복이며 또한 은혜입니다. 그러니 우리가 세상 사람들에게 이 만남의 통로가 된다면 그보다 더 큰 은혜가 어디 있겠습니까.

안드레는 주님을 만나고 나서 형제 베드로에게 예수님을 소개했습니다. 그때만 해도 안드레는 베드로가 하나님의 역사를 이루는 사도가 될 줄 몰랐을 것입니다. 아니, 베드로가 그렇게 크게 쓰임 받는 제자가 될 거라고는 상상도 못 했을 것입니다. 그러나 어쨌든 베드로가 주님의 종이 되어 은혜를 받을 수 있었던 것은 안드레 덕분입니다.

우리도 안드레처럼 우리의 이웃들에게 은혜의 통로가 되어야 합니다. 우리를 통해 남이 잘되고 하나님께 쓰임 받는 삶이 되도록 해야 합니다. 이것이 우리 삶의 열매가 되어야 합니다.

한 생명을 구한 전도지

성령의 뜨거운 은혜를 받으면 마음이 뜨거워지고, 심령에 불이 붙어서 기쁨과 감사가 넘쳐서 행복한 신앙생활을 할 수 있습니다.

나는 젊은 시절, 목사가 되겠다고 생각한 적이 한 번도 없습니다. 예수를 알지 못했기에 더 그랬습니다. 오히려 잘나가는 정치가가 되고 싶었습니다. 그렇게 하나님과 아무 상관도 없던 내가 목회자로 부름 받아 살아온 지도 어느덧 30년이 흘렀습니다. 돌이켜보면 지난 30년은 하나님의 전적이고 일방적인 은혜였습니다.

정치가가 되겠다는 청운의 꿈을 안고 미국행 비행기에 올랐을 때 미국 땅에서 나를 반기신 분은 하나님이었습니다.

우리는 흔히 스스로 계획하고 선택하며 인생을 산다고 생각하지만 실제론 그렇지 않습니다. 우리 인생은 창조자의 손에 전적으로 달려 있습니다.

내가 목회자가 되리라고 상상도 못한 것은 비단 나뿐 아니라 우리 가족도 마찬가지였습니다. 그도 그럴 것이 우리 집은 대대로 불교를 믿었기 때문입니다. 그런데 하나님은 나를 부르셔서 세상에서 가장 행복한 목사로 세워 주셨습니다.

정치가의 꿈을 안고 미국에 유학을 왔으나 돈 한 푼 없었습니다. 한국에서부터 알고 지내던 선배의 소개로 LA 인근 롱비치에 있는 한 주유소에서 아르바이트를 시작했습니다. 일단 생활비 걱정은 하지 않게 되었으니 감사하면서도 육체적으로는 고단했습니다. 안 그래도 영어로 수업을 듣는 것이 여간 고역이지 않았는데 밤에는 5시간씩, 주말이면 16시간씩 일을 하니 피곤을 이길 수가 없었습니다.

한국 정치계를 주무르는 야심찬 정치가가 되리라는 야망은 어느덧 주유소를 가득 메운 기름 냄새에 희석되는 듯했습니다. 지금도 주유소에서 일하는 앳된 청년들을 보면 젊은 시절의 내가 떠올라 한마디 건네지 않고는 못 배깁니다.

"수고가 많네요. 예수님 잘 믿으시고 힘들더라도 지금을 잘 견뎌 내면 하나님께서 큰 복을 주실 겁니다."

대개는 이상한 사람 취급하지만 개중에는 "목사님이세요? 감사합니다. 저를 위해서 기도해 주세요" 하고 반기는 청년도 있습니다.

내가 주유소에서 일할 때도 '예수 믿으라'는 말을 많이 들었습니다. 그때마다 나는 "지금은 주일에도 일해서 교회에 갈 수 없지만 나중에 꼭 가겠다"고 말하곤 했습니다. 하지만 그때 내가 교회에 나가지 않은 것은 주일에도 일해야 하기 때문만은 아니었습니다.

신앙생활 하는 것이 나의 정치 인생에 도움이 되지 않을 것 같았기 때문입니다. 우선 신앙생활을 하면 술, 담배를 못하는데, 그러면 다른 정치인들과 어울려 친분을 쌓지 못할 것이니 도움이 되지 않을 것이라 생각한 것입니다.

또 하나는, 불교 집안에서 나고 자란 내가 개종을 한다는 것은 부담스러운 일이었습니다. 유학길에 올랐을 때도 어머니는 책이며 지갑이며 여기저기에 부적을 숨겨 두었습니다. 한때 지극정성으로 불공을 드리는 어머니를 위해 나중에 성공하면 절을 한 채 지어 드려야겠다고 생각했을 정도였습니다. 그것이 어머니에게 할 수 있는 최고의 효도라 생각했습니다. 그러니 당연히 교회에 다니는 것은 어머니께 불효하는 것이라 여겼습니다.

어느 밤늦은 시간이었습니다. 주유소에서 일을 하는데 낮에 누군가가 주고 간 전도지가 눈에 띄었습니다. 무심결에 그 전도지를 보는데 요한복음 3장 16절 말씀과 히브리서 9장 27절 말씀이 눈에 들어왔습니다.

> 하나님이 세상을 이처럼 사랑하사 독생자를 주셨으니 이는 그를 믿는 자마다 멸망하지 않고 영생을 얻게 하려 하심이라
>
> 요 3:16

> 한번 죽는 것은 사람에게 정해진 것이요 그 후에는 심판이 있으리니 히 9:27

말씀을 읽는데 순간 망치로 머리를 맞은 것처럼 큰 충격에 휩싸였습니다. 가슴이 마구 뛰었습니다.

'그렇지. 사람은 한 번은 다 죽지. 그런데 죽은 후에는 심판이 있다고?'

만일 이것이 사실이라면 나는 어떻게 되는 걸까, 오래전에 돌아가신 우리 아버지는 어떻게 되는 거지, 아버지는 어떤 심판을 받으셨을까, 수많은 물음이 꼬리에 꼬리를 물며 파도처럼 요동쳤습니다. 당황스러웠습니다.

'왜 갑자기 내 마음이 이렇게 요동을 치는 걸까? 만일 하나님이 정말 계시고 나를 창조하셨다면 지금 내 마음에 파고를 일으키는

이도 그분이신 걸까?'

그날 밤 혼자 주유소 카운터를 지키면서 밤새도록 씨름을 했습니다.

그날 그 한 장의 전도지는 죽어 있던 나의 영혼을 깨웠습니다. 하나님의 말씀은 완고한 내 마음을 만지셨습니다.

이렇듯 거리에서 나부끼는 전도지 한 장이 어떤 위대한 역사를 이룰지 모릅니다. 우리가 기도하며 하나님의 말씀을 뿌리면 하나님이 거두십니다. 무심코 던져진 한 장의 전도지가 한 생명을 구할 수 있는 것입니다.

그날 이후 신앙생활을 하는 친구에게 연락해 교회에 가고 싶다고 말했습니다. 친구는 이왕에 기다렸다가 주일에 예배를 드리자고 했지만 나는 주일까지도 기다릴 수 없어서 당장 금요예배에 참석했습니다.

나는 그때까지 예배에 참석한 적도 없고 기도한 적도 없습니다. 그런데 그날 저녁 교회에 들어서자마자 들려오는 찬송곡이 전혀 낯설지 않았습니다. 오히려 너무나 좋았습니다.

죄에서 자유를 얻게 함은 보혈의 능력 주의 보혈
시험을 이기고 승리하니 참 놀라운 능력이로다
주의 보혈 능력 있도다 주의 피 믿으오
주의 보혈 그 어린양의 매우 귀중한 피로다

예배당 맨 뒷자리에 앉아 생전 처음으로 예배를 드리는데, 뭐라고 표현할 수 없는 거대한 힘이 내 어깨를 따뜻하게 어루만지는 것 같아서 하염없이 눈물을 흘렸습니다.

이렇게 나는 주님을 만났습니다. 그러고는 거룩한 욕심까지 생겼습니다. 그래서 주님께 이렇게 기도했습니다.

"하나님, 이 세상에서 가장 많은 불신자를 주님 앞에 인도하는 주의 종이 되게 하여 주시옵소서."

나는 어떤 사람도 부럽지 않은데, 불신자에게 복음을 전해 주님의 백성으로 돌이킨 사람들을 보면 너무 부럽습니다. 하늘나라에 상급이 크기 때문에 그렇습니다.

마음에 불이 있으면 하나님의 일을 하는 것이 어찌나 행복한지 이루 말할 수 없습니다. 주님께 헌신한다는 것 자체가 특권이며 행복이기에 너무 기쁩니다.

일주일 내내 새벽에 설교하고 주일에 네 번이나 설교해도 힘들지 않습니다. 하나님이 주신 은혜의 불이 계속 타고 있기에 강단에 서서 말씀을 전하는 일이 너무 좋습니다.

한 영혼이 돌아오는 기쁨

어떤 사람은 "지금 속 썩이는 아무개만 없으면 정말 행복할 수 있을 텐데…" 하고, 또 어떤 사람은 "지금 하고 있는 일만 끝나면 아무 걱정 없을 텐데…" 합니다.

정말 그럴까요? 나를 힘들게 하는 요소들이 사라져서 행복해질 수 있다면 예수님은 십자가에서 죽으심으로 우리를 구원하는 방법은 선택하지 않았을 것입니다.

우리는 누구나 죄인입니다. 그런 우리를 예수님이 살려 주셨습니다. 예수님께 빚진 우리는 어떤 상황에서도 복음을 전해야 합니다. 축복의 통로가 되어야 합니다. 예수님이 바로 복의 근원이기 때문입니다.

예수님을 모르던 한 영혼이 예수님을 영접할 때 천국에서는 큰 잔치가 열립니다. 한 명이라도 더 많은 영혼이 나처럼 부족한 사람의 헌신으로 주님 앞으로 돌아오게 된다면 그것만으로도 나는 감사하며 오늘을 만족할 수 있습니다.

2
예수님을
감동시키는 사람

얼마 전 인도로 미전도종족 선교를 다녀온 사람들과 모임을 가졌는데, 감동적인 간증이 쏟아졌습니다. 특히 최 집사님의 이야기가 기억에 남습니다.

최 집사님은 권사님이신 어머니, 여섯 살 난 막내딸과 함께 인도에 갔습니다. 처음 준비 과정에서 사람들은 여섯 살 딸이 선교 훈련을 받는 것을 보고 걱정을 많이 했습니다.

'저 어린 애가 인도에 가서 무엇을 할 수 있을까?'

그러나 막상 현지에 가자 상황이 달라졌습니다. 이 어린 아이가 인도 아이들을 모아 놓고 복음을 전했을 뿐 아니라 결신까지 시켰다는 것입니다. 여섯 살 난 아이가 하나님 아버지의 마음을 제대로 알고 이렇게 아름다운 일을 했으니 하나님이 얼마나 기쁘셨겠습니까. 이보다 감격스런 일이 또 있겠습니까!

어디에 접목되어 있는가?

하나님이 최초에 인간을 창조하실 때 하나님과 사람의 관계는 완전했습니다. 그러나 인간이 죄를 지으면서 하나님과 인간 사이의 완전한 관계가 깨지고 말았습니다. 이 죄의 문제가 해결되지 않는 한 하나님과 사람의 관계는 회복될 수 없습니다.

예수님은 이 죄의 문제를 해결하여 하나님과 우리 사이를 온전하게 회복시키기 위해 십자가에서 보혈을 흘리셨습니다.

> 영생은 곧 유일하신 참 하나님과 그가 보내신 자 예수 그리스도를 아는 것이니이다 요 17:3

죄로 인해서 단절되었던 대화의 통로가 다시 열리고, 하나님과 원수 되었던 인간이 예수님의 보혈의 능력으로 하나님과 다시 화목하게 되는 것이 행복의 기초석입니다.

잠시 살다 가는 것이 인생의 본질인데 영생에 대한 확신도 없고, 하나님을 알고 예수님을 만나는 경험도 없이 저세상에 간다면,

이 땅에서 무엇을 소유한들 행복할 리 없습니다.

> 나는 참포도나무요 내 아버지는 농부라 무릇 내게 붙어 있어 열매를 맺지 아니하는 가지는 아버지께서 그것을 제거해 버리시고 무릇 열매를 맺는 가지는 더 열매를 맺게 하려 하여 그것을 깨끗하게 하시느니라 요 15:1-2

하나님과의 관계가 회복되었다는 것은 곧 그분의 나무에 접목되어 있다는 말입니다. 나뭇가지가 줄기에 접목되어 있지 않으면 수분을 공급받지 못해 말라비틀어져 죽는 것처럼 모든 인간은 하나님께 접붙어 있어야 생명을 온전히 유지할 수 있고 참된 행복을 누릴 수 있습니다.

하나님께 접붙어 있다는 것은 단순히 교회에 열심히 나가는 것을 말하지 않습니다. 몸뿐 아니라 마음의 거리가 가까워야 합니다.

예수님 당시의 대제사장과 서기관들은 직책으로 보면 하나님과 가장 가까운 거리에 있었지만 예수님과는 원수가 되었습니다. 예수님과 원수된 사람은 이 세상의 삶이 아무리 성공적일지라도 불행한 인생입니다.

한편, 예수님을 모르는 사람도 예수님과 원수 된 사람들입니다. 예수를 믿어야 죄 사함을 받을 수 있는데 믿지 않으므로 죄 문제를 해결할 수 없는 사람들입니다.

복음에는 하나님의 의가 나타나서 믿음으로 믿음에 이르게 하
나니 기록된 바 오직 의인은 믿음으로 말미암아 살리라 함과 같
으니라 **롬 1:17**

여기서 '하나님의 의'란 결국 하나님과의 바른 관계를 의미합니
다. 따라서 신앙은 믿음으로 하나님과 올바른 관계를 갖는 것입니다.

하나님의 본심

하나님과의 바른 관계를 위해서 우리는
먼저 하나님을 알아야 합니다. 하나님의 마음을 잘 알아야 하나님
의 뜻대로 신앙생활을 할 수 있습니다.

우리가 하나님의 본심을 이해한다면 엄청난 환난과 시험 가운
데서도 하나님을 찬양하고 감사할 수 있습니다. 과연 하나님의 마
음은 어떤 것입니까?

첫째, 하나님의 마음은 사랑입니다. 하나님이 이스라엘 민족을
징계하신 것은 그들을 버리셨기 때문이 아니라 사랑하셨기 때문
입니다. 사랑하지만 고난이 필요했기에 이스라엘 민족을 징계하
신 것입니다.

하나님의 징계에는 두 가지 이유가 있는데, 잘못을 고치기 위함
과 훈련하기 위함입니다. 우리의 잘못을 깨닫게 하기 위해 징계하
시는 하나님은 놀라운 사랑인 것입니다. 하나님을 안다면 하나님

의 사랑을 아는 것입니다.

둘째, 하나님의 마음은 우리에게 복을 주시기 원하는 것입니다. 하나님은 사랑하는 자녀가 잘되기를 바라십니다.

누가복음 15장에서 집 나간 탕자가 돌아왔을 때 그 아들을 얼싸 안고 잔치를 벌이는 아버지의 심정이 하나님의 심정입니다. 하나 님 아버지는 지금도 품을 떠나 버린 탕자를 찾고 또 찾으십니다.

3
목사가
되다

1985년, 은혜한인교회의 예배는 언제나 성령의 불이 강렬하게 임하여 뜨거웠습니다. 그리고 그날의 성령의 역사는 지금까지 이어져 예배 때마다 아픈 자가 치유되고 악한 영들이 떠나가는 역사가 일어나고 있습니다.

방언이 터지다

그날은 대학부 총동원 전도의 날이었습니다. 학생들이 모여 기도하는데 놀랍게도 대부분이 방언으로 기도했습니다. 방언에 대해 들은 적은 있어도 그렇게 많은 사람이 한꺼번에 방언을 말하는 것을 보니 충격적이었습니다.

그러면서 한편으로 서운한 마음이 들었습니다.

"아니 하나님, 나는 의붓자식입니까? 남들에게 다 주는 방언의 은사를 왜 내게는 안 주십니까? 나도 방언으로 기도할 수 있게 해 주세요!"

그때 옆에 있던 전도사님이 내 기도를 들었는지 조심스럽게 다가와 이렇게 말해 주었습니다.

"하나님 앞에서 어떤 이유든지 혈기를 부리며 투정하는 것은 올바른 자세가 아닙니다. 정말 방언을 받기 원한다면 사모하는 마음을 가지고 간절하게 기도하세요. 그러면 하나님께서 선물로 주실 겁니다."

전도사님의 말대로 하나님을 찬양하며 방언을 사모하는 마음으로 전심으로 기도했습니다. 그러자 감사의 기도, 회개의 기도가 터지면서 눈물이 하염없이 쏟아졌습니다.

그때였습니다. 가슴이 뜨거워지더니 혀가 완전히 자기 마음대로 움직이기 시작했습니다. 방언의 은사를 받은 것입니다.

> 내가 만일 방언으로 기도하면 나의 영이 기도하거니와… 너희가 모일 때에 각각 찬송시도 있으며 가르치는 말씀도 있으며 계시도 있으며 방언도 있으며 통역함도 있나니 모든 것을 덕을 세우기 위하여 하라 고전 14:14, 26

방언은 내 영이 하나님께 말하는 기도입니다. 어떤 사람은 방언의 은사에 대해서 2천 년 전 사도시대에나 있었던 일일 뿐 오늘날에는 중단되었다고 주장하기도 하지만, 방언의 은사는 명백하게 성경에 기록되어 있습니다. 이를 두고 신학적으로 '옳다 그르다'를 가리는 것은 시간 낭비라고 생각합니다. 하나님의 말씀은 시간과 공간, 인간의 유한한 생을 초월하여 살아 역사하는 진리입니다.

그렇게 방언을 받고 난 뒤로 기도가 너무나 재미있어졌습니다. 보통 길어야 30분이 고작이던 기도 시간이 짧아야 1시간이고 어떤 때는 3~4시간이나 계속되었습니다. 그래서 학교만 끝나면 교회로 달려가 기도실에서 먹고 자며 말씀을 듣고 기도하는 것이 하루 일과가 되었습니다.

피부병을 고치다

학교에서도 기회만 되면 전도했습니다. 어느 날 필리핀계 유학생에게 복음을 전하고 함께 기도하는데, 그가 기도 중에 갑자기 이렇게 물었습니다.

"내가 피부병이 심한데, 기도하면 고쳐질까?"

당시 나는 초신자에 불과했습니다. 그런데 어디서 그런 믿음이 생겼는지 "그럴 수 있다"고 말했습니다. 그러고는 그를 위해 기도했습니다.

"하나님, 우리 형제가 지금 피부병으로 오랫동안 고생하고 있는데 예수의 보혈을 의지하여 기도하오니, 이 형제의 피부병을 깨끗이 치유해 주옵소서. 예수 그리스도 이름으로 기도했습니다. 아멘."

기도를 마치자 그의 눈에 눈물이 고였습니다. 그리고 일주일쯤 지난 어느 날, 그가 흥분해서 찾아오더니 피부병이 깨끗이 나았다고 말했습니다. 온갖 연고와 약을 써도 치유되지 않던 그의 피부병이 함께 기도한 그날부터 뱀 껍질처럼 벗겨져 나가더니 깨끗한 피부가 되었다는 것입니다. 나는 그의 티셔츠를 걷어 올려 눈으로 직접 확인해 보았습니다.

성령의 뜨거운 불이 치유해 주신 흔적을 내 눈으로 확인하고는 애써 태연한 척하면서 그와 함께 하나님께 영광을 올렸습니다. 그러나 그와 헤어진 뒤 놀라움으로 한참을 아무것도 할 수 없었습니다.

"하나님, 당신은 정말 살아 계셔서 우리의 모든 것을 주장하시고 또한 육신의 아픈 곳까지도 말끔히 치유해 주시는 자비로운 하나님이십니다. 하나님 참으로 감사합니다."

내가 너를 지명하여 불렀나니

그 후로 내 신앙생활은 마치 휘발유에 불을 붙인 것처럼 활활 타올랐습니다. 세상이 다르게 보였고, 모든 것이 감사의 조건이고, 처음 만나는 사람들도 그렇게 반갑고 고맙고 사랑스러워 보일 수가 없었습니다. 아무리 작은 일이라도 하나님께서 하신 일이라는 사실을 깨닫게 되면 두 눈에 눈물이 그렁그 렁 고이고 입에서는 찬송이 멈추지 않았습니다.

그렇게 행복한 시간을 보내던 어느 날 하나님께서 나를 주의 종 으로 부르셨습니다. 이사야 43장의 말씀을 통해 부르심을 확신시 켜 주신 것입니다.

> 너는 두려워하지 말라 내가 너를 구속하였고 내가 너를 지명하 여 불렀나니 너는 내 것이라 네가 물 가운데로 지날 때에 내가 너와 함께할 것이라 강을 건널 때에 물이 너를 침몰하지 못할 것이며 네가 불 가운데로 지날 때에 타지도 아니할 것이요 불꽃 이 너를 사르지도 못하리니 사 43:1-2

하지만 주의 종으로 훈련을 받고 신학교에 진학하기까지는 많 은 장애물을 넘어야 했습니다. 신학교 진학을 결정하고 한국에 있 는 가족들에게 편지로 그 사실을 알렸더니 한동안 아무런 반응이 없었습니다. 폭풍전야처럼 전화도 편지도 오지 않고 마냥 고요하 기만 했습니다.

한 달쯤 지난 어느 날 해병대 출신의 성격이 괄괄한 큰형님으로 부터 전화가 왔습니다.

"예수쟁이들과 함께 마음대로 해라. 너는 이제부터 우리 형제, 가족이 아니다. 어머니도 더 이상 너를 아들로 생각하지 않기로 했다."

큰형님은 이렇게 말하고는 전화를 끊어 버렸습니다.

가족들을 설득하기가 쉽지 않으리라 예상은 했지만 이 정도로 강력할 줄은 몰랐습니다. 그날 밤 기도실에서 오랫동안 바닥을 구르며 통곡했습니다.

"하나님, 당신의 뜻대로 모든 일을 이루어 주시옵소서. 가라면 갈 것이고, 서라면 설 것이며 또 그 자리에 누우라면 눕겠습니다. 나는 주님의 것이니 주님 뜻대로 하옵소서."

가족들뿐 아니라 주변 사람들도 나를 떠났습니다. 하지만 하나님이 나를 불러 쓰시겠다고 작정하신 일인 만큼 나는 포기할 수 없었습니다.

그때 만일 포기했다면 어땠을까, 생각해 봅니다. 적어도 이 사실만큼은 분명합니다. 오늘 내가 기쁨으로 참여하는 이 놀라운 축복의 사역에 동참하지 못했을 것이라는 사실입니다.

나는 가족들의 마음을 위로할 수 없는 것이 너무 가슴 아팠습니다. 그저 그들을 위해 기도하는 것밖에는 할 수 있는 게 없었습니다.

"하나님, 가족들은 하나님을 모릅니다. 그래서 하나님의 뜻에 따르고자 하는 저의 결정을 반대합니다. 하나님, 부디 제 가족들을 만나 주십시오."

4
하나님과
의논하십시오

　　　　하나님은 자녀인 우리와 대화를 나누고
싶어 하십니다. 우리가 삶의 문제를 가지고 하나님과 의논할 때
하나님은 기뻐하십니다. 인격을 가지신 하나님과 대화하고 의논
하면서 산다는 것은 성도의 가장 큰 특권입니다.

　하나님과 대화하고 의논한다는 것은 하나님의 뜻을 알고 하나
님의 인도하심을 받는 것입니다. 하나님과 대화하는 이유는 그분
의 뜻을 알기 위함입니다. 하나님과 의논하는 이유는 하나님의 인
도하심을 받기 위함입니다.

　하나님의 뜻을 알고 그분과 의논하려면 그분과 친밀해져야 합

니다. 그래서 교제가 필요합니다. 하나님의 뜻을 알고 매 순간 하나님의 인도하심을 받는 삶은 실패할 수 없습니다. 승리할 수밖에 없습니다. 열매가 많을 수밖에 없습니다. 복된 인생인 것입니다.

그녀가 맞습니까?

가난한 유학생이 가족으로부터도 외면을 당하자 당장 생활이 막막했습니다. 결국 다니던 학교를 휴학하고 나서 아예 거처를 교회 기도실로 옮겼습니다. 교회 안에서 먹고 자고 기도하면서 살기로 작정한 것입니다.

하지만 매 주일 오후 시간이 되면 참 힘들었습니다. 예배를 위해 모인 모든 사람이 가족과 함께 집으로 돌아가면 북적거리던 교회가 갑자기 텅 비면서 너무나 고요해집니다. 나 혼자 기도실로 발걸음을 옮기자면 그렇게 쓸쓸할 수가 없었습니다.

어느 날 나는 하나님께 이렇게 기도했습니다.

"하나님, 당신을 따르면서 혈육을 포함한 세상의 모든 것이 저를 떠났습니다. 그렇다면 이제 저에게 믿음 안에서 인생을 함께할 배우자라도 만나게 해 주십시오."

그렇게 몇 주간 배우자를 위한 기도를 하는데, 어느 날 하나님이 한 자매의 얼굴을 보여 주셨습니다. 얼굴이 낯이 익다고 생각했는데 나중에 대학부 모임에 가니 성가대에서 봉사하는 자매였습니다.

그때까지 그 자매와는 한마디도 나눈 적이 없었습니다. 그런데 배우자를 위한 기도를 하면 하나님은 그 자매의 얼굴을 보여 주셨습니다. 그래서 과연 하나님이 나의 배우자로서 그녀를 보여 주신 게 맞는지 확인하기 위해 그녀를 직접 만나기로 했습니다.

교회 근처 커피숍에서 단 둘이 앉아 있자니 여간 쑥스러운 것이 아니었습니다. 얼마 동안 아무 말도 못하고 있는데 그녀가 먼저 말문을 열었습니다.

"지난번 간증을 은혜롭게 들었습니다."

몇 달 전 신학교에 가기로 결정한 뒤 대학부 모임에서 간증한 일을 두고 하는 말이었습니다.

"신학교 공부는 재미있으세요?"

"예, 하나님의 말씀을 공부하는 것이 이렇게 재미있는 줄 정말 몰랐습니다."

그러고는 또 한참 동안 대화가 끊어졌습니다. 무슨 말을 어떻게 해야 할지 몰라서 안절부절못했습니다. 그러다 마음속으로 백 번을 망설인 끝에 이렇게 물었습니다.

"자매님, 사실 오늘 제가 보자고 한 것은 한 가지 물어보고 싶은 일이 있어서입니다."

"무슨 일인데요?"

"제가 얼마 전부터 배우자를 위한 기도를 하고 있는데 하나님께서 자매님의 얼굴을 기도 때마다 보여 주십니다. 혹시 자매님은 하나님으로부터 무슨 사인을 받은 것이 없는지 궁금합니다."

성가대로 봉사하던 그녀는 대학부 모임이 끝나면 자리 정돈은 물론 먹다 남은 음식 청소를 하는 등 헌신적으로 봉사하는 자매였습니다. 황당하기 짝이 없는 질문을 듣고 그녀는 한동안 고개를 숙이고 있더니 마침내 이렇게 말했습니다.

"지난번에 형제님이 간증을 할 때 저런 믿음과 용기를 가진 사람이라면 장래 배우자가 되어도 좋겠다는 생각을 하긴 했어요. 하지만 저는 결혼할 생각이 없어요. 정말 주님을 사랑한다면 바울처럼 어디에 묶이지 않고 주의 일에만 더 열심을 내며 살아야 하지 않을까요?"

그녀의 대답을 듣고 나는 더 이상 자리에 앉아 있을 수 없어서 서둘러 인사하고는 밖으로 나왔습니다. 그리고 기도실까지 뛰어가면서 턱이 빠지게 웃어댔습니다. 배우자가 되어도 좋겠다는 생각을 했다니…. 나는 그녀가 바로 하나님이 준비하신 내 아내라는 확신이 생겼습니다.

기도실에 들어서니 한쪽 구석에서 기도하던 집사님이 깜짝 놀라며 물었습니다.

"아니, 한기홍 형제 괜찮은가? 왜 무슨 일이 있었어?"

"예, 하나님은 참 재미있으신 분입니다. 푸하하하!"

그녀가 바로 내 아내 한현숙 사모입니다.

틀림이 없으신 하나님

　　　　　　그 후 우리는 따로 만나거나 전화 통화
를 하지 않았습니다. 대학부에서 만나도 그저 눈인사만 할 뿐이었
습니다. 이유는 잘 모르겠지만, 이제 저 자매는 확실히 내 아내가
될 사람이라는 확신이 생겨서 그랬는지 우리는 결혼할 때까지 대
학부 공동체 안에서 그냥 믿음 안의 형제, 자매로만 지냈습니다.

　그러던 어느 날 그녀의 아버지가 갑자기 돌아가셨다는 소식을
접했습니다. 오래전에 내 아버지가 돌아가셨을 때 마음이 아팠던
기억을 떠올리며 그녀를 위해 오랫동안 기도했습니다.

　그녀와 만난 지 1년쯤 되었을 때 나는 이제 결혼을 해야겠다는
생각이 들어 하나님께 기도했습니다. 그리고 마음에 감동을 주시
는 대로 10월 17일로 결혼 날짜를 정했습니다. 청첩장까지 찍어
당시 은혜한인교회 담임이자 내 멘토였던 김광신 목사님께 드리
면서 주례를 부탁했는데, 아뿔싸, 목사님이 그날은 뉴욕에서 집회
가 있어 참석할 수 없다는 것입니다.

　'아무리 하나님이 날짜까지 정해 주셨다지만 먼저 목사님께 상
의했어야 하는데 이 무슨 낭패란 말인가!'

　그런데 다음 날 김광신 목사님으로부터 전화가 왔습니다.

　"뉴욕에서 예정됐던 집회가 현지 사정으로 두 주 연기되었다네.
다행이지 뭔가. 자네 결혼식에 주례를 설 수 있게 되었으니 말이
네."

　나는 하늘을 바라보며 빙그레 웃었습니다. 하나님의 응답에는

틀림이 없었습니다.

결혼식 피로연 준비를 할 때도 비슷한 일이 있었습니다. 당시 한국에 있던 가족들은 그때까지도 신학교에 진학한 나를 용서하지 못해 결혼식에 참석하지 않겠다고 했습니다. 게다가 미국에서도 유학생 신분이다 보니 아는 사람이 별로 없었습니다. 사정이 그렇다 보니 결혼식에 참석할 사람은 신부 쪽 가족과 친척들, 그리고 교회 사람들과 신학교 친구들이 전부였습니다. 하객으로 100여 명 오면 많이 오는 것이었습니다.

그런데 기도 중에 피로연 음식을 500명분 준비하라는 하나님의 음성이 들렸습니다. 그래서 말씀대로 했습니다. 그러자 음식점에서도 놀라고 교회 집사님도 음식이 남으면 어떻게 하느냐고 말렸습니다. 하지만 나는 음식이 남든지 안 남든지 하나님의 명령에 따라 500명분의 뷔페 음식을 준비했습니다.

놀랍게도 교회 예배당에서 가진 결혼식은 500명의 하객이 참석한 가운데 아주 아름답게 치러졌습니다. 물론 음식도 거의 남김없이 먹었습니다.

우리 부부는 결혼식 후 신혼여행으로 기도원에 갔습니다. "신혼여행은 어디로 갈까요?"라고 묻는 내게 하나님이 "은혜기도원으로 가라"는 감동을 주셨기 때문입니다. 하지만 우리 부부가 기도원으로 신혼여행을 간 것은, 하나님의 명령도 있었지만 무엇보다 우리를 만나게 해 주시고 피로연까지 준비해 주신 하나님께 먼저 감사의 기도를 드리지 않고는 결혼생활을 시작할 수 없다는 마음도 컸습니다.

우리 부부는 신혼부부임을 알리는 장식을 차 뒤에 달고 청년부 형제들이 자동차 경적을 울리며 에스코트해 주는 길을 따라 은혜 기도원으로 올라갔습니다. 도착해서는 각자 기도굴에 들어가 첫날밤을 꼬박 새워 감사의 기도를 드렸습니다.

다음 날은 샌디에이고 시월드(Sea World)에서 시간을 보냈는데 풍광이 정말 아름다워서 나도 모르게 '이런 곳에서 살면 참 좋겠다!'는 생각을 했습니다. 그런데 하나님은 은연중에 한 나의 생각까지 놓치지 않으시고 그 후 그곳의 갈보리교회를 12년 동안 섬기도록 인도해 주셨습니다.

지난 시간을 통해 나는 아무리 사소한 것이라도 하나님께 묻고 또 물을 때 하나님께서 기뻐하신다는 걸 알았습니다.

아주 사소한 일도 하나님과 의논하십시오. 아무리 당연한 일도 하나님과 의논하십시오. 이쯤이야 내가 판단하고 결정해도 되겠지 하는 일조차 하나님과 의논하십시오.

살다 보면 내 생각대로 일이 안 될 때가 많습니다. 우리를 둘러싼 환경이 방해할 때도 있습니다. 하나님과 의논하여 그의 인도하심을 받으면 환경과 상관없이 하나님께서 길을 열어 주십니다. 어려운 환경이 축복으로 바뀌어 마침내 승리하도록 인도하십니다.

들리십니까? 하나님께서 당신을 향해 "나하고 의논하라"고 말씀하시는 소리를 들으십시오. 하나님과 의논할 줄 아는 사람이 축복과 응답을 받게 됩니다.

2부

다른 것은
틀린 것이 아닙니다

예수님을 이해하고
사람을 사랑하다

1
소금을 두고
화목하라

하나님은 자녀들인 우리가 서로 화목하게 살기를 원하십니다.

> 소금은 좋은 것이로되 만일 소금이 그 맛을 잃으면 무엇으로 이를 짜게 하리요 너희 속에 소금을 두고 서로 화목하라 하시니라
>
> 막 9:50

하나님은 특히 화목을 말씀하시면서 '소금을 두고 화목하라'고 하십니다. 이 말씀은 '변치 말고 화목하라'는 뜻입니다. 다시 말해

한결같은 마음으로 화목하기를 힘쓰라는 의미입니다. 기분이 좋으면 화목하고 기분이 나쁘면 화목하지 않고, 좋은 환경이면 화목하고 나쁜 환경이면 불화하게 되는 변덕스러운 관계가 아니라 한결같이 화목한 관계를 유지하라는 것입니다.

하나되게 하고 화목하게 하는 피스메이커(peacemaker)들은 정말 매력적입니다. 그들과 함께 있으면 행복합니다. 무슨 일을 하든 그와 함께하고 싶습니다.

반면에 함께하기만 하면 화목했던 분위기도 험악해지고 하나됐던 것도 분열되는 사람이 있습니다. 그런 사람과 함께 있으면 불편합니다. 무슨 일을 하든 그 사람과는 함께하고 싶지 않습니다.

불화하는 곳에서 화목을 짓는 사람

> 모든 것이 하나님께로서 났으며 그가 그리스도로 말미암아 우리를 자기와 화목하게 하시고 또 우리에게 화목하게 하는 직분을 주셨으니 고후 5:18

> 화평하게 하는 자는 복이 있나니 그들이 하나님의 아들이라 일컬음을 받을 것임이요 마 5:9

하나님의 자녀는 그가 어디를 가든지 불화하는 곳에서 화목을 짓는 사람입니다. 그것은 하나님이 우리에게 맡긴 직분이기도 합니다.

당신은 어떻습니까? 불화하는 곳을 화목하게 하고 분열된 것을 하나되게 하고 있습니까? 사람들이 당신에게서 하나님의 향기를 느낍니까?

쉬운 일은 아닙니다. 하나님이 맡기신 화목케 하는 직분을 감당하려면 무엇보다 먼저 하나님과 화목한 관계에 있어야 합니다. 그래야 우리가 불화한 곳에 화목을 가져올 수 있습니다.

> 그는 우리의 화평이신지라 둘로 하나를 만드사 원수 된 것 곧 중간에 막힌 담을 자기 육체로 허시고 법조문으로 된 계명의 율법을 폐하셨으니 이는 이 둘로 자기 안에서 한 새 사람을 지어 화평하게 하시고 엡 2:14-15

우리 대신 화목제물이 되신 예수님을 영접하면 저절로 하나님과 하나됩니다. 하나님과 하나된 사람은 사람들과도 하나될 수 있습니다. 그의 인생에 예수님이 없으면 화목할 수가 없습니다. 예수님이 화목의 근원이기 때문입니다.

물질로는 일시적으로 화목할 수 있으나 물질이 빠지면 화목한 관계는 깨지고 맙니다. 화목을 이루는 조건이 예수님이 아니면 어떤 것으로도 화목할 수 없습니다.

예수님 안에서 화목한 관계는 병들고 물질이 사라지고 직장을 잃는 어려움에 처해도 변함없이 화목할 수 있습니다.

어떻게 화목할 것인가

소금은 물에 녹아야 맛을 냅니다. 즉 '소금을 두고 화목하라'는 말씀은 여전히 남아 있는 과거의 습관과 고집, 육적인 자아가 녹아져야만 화목한 관계를 이룰 수 있다는 말이기도 합니다. 녹아지지 않으면 소금의 맛을 낼 수 없습니다.

교회에서도 자아가 살아 있는 사람이 있으면 하나되기 어렵습니다. 화목한 관계를 이루기 어렵습니다. 대체로 세상적인 지식이 많고 가진 게 많은 사람일수록 자아를 버리기 어렵습니다.

물론 그렇지 않은 경우도 있습니다. 아무리 세상적인 지식이 많고 가진 게 많아도 자아가 녹아져 소금의 맛을 내는 사람이 있습니다. 하나님의 말씀에 사로잡힌 사람입니다. 하나님의 말씀이 그의 삶을 주관하고 주장하면 자아가 살아 있을 수 없습니다.

그러므로 그리스도인은 일 잘하고 똑똑하고 성실하며 헌신적인 사람이 아니라 말씀이 그의 삶을 주관하는 사람입니다.

언젠가 새벽예배를 인도하는데, 젊은 여자 집사님이 아들을 데려와서 기도해 달라고 요청했습니다. 아이는 일곱 살쯤 되었는데 엉치뼈가 갉아 들어가는 병에 걸렸습니다. 병원에 입원하면 수술도 해야 하고 깁스한 채 몇 달간 치료를 받아야 한다고 했습니다.

안쓰럽고 안타까운 마음으로 기도하는데 하나님이 "이 아이에게 칼을 대지 않도록 하라" 하는 감동을 주셨습니다. 그래서 집사님에게 "수술은 언제든지 할 수 있으니 먼저 기도한 뒤 수술을 받든지 하자"고 했습니다.

약속대로 이후로도 아이를 위해 기도하는데, 마음에 집사님 부부 사이가 좋지 않은 것은 아닐까 하는 생각이 들었습니다.

그 집사님 부부는 교회에서 소문난 잉꼬였습니다. 교회 올 때면 언제나 아이와 함께 나란히 손잡고 환한 얼굴로 들어섰고, 다른 성도들과도 화목한 관계를 유지했습니다. 그런 부부가 화목하지 않다니, 내가 기도하면서도 당황스러웠습니다.

그날 저녁 기도원에 가서 예배를 드린 뒤 그곳에 온 집사님 내외를 만났습니다.

"집사님, 혹시 두 분 사이에 무슨 일이 있으세요?"

내가 이렇게 묻자 두 사람은 당혹스러운 눈치였습니다. 그러더니 아내 집사님이 눈물을 보이며 이렇게 말하는 것이었습니다.

"사실 우리 부부는 오래전부터 사이가 좋지 않았어요. 아이에게 상처 주지 않기 위해 아이가 대학에 들어가면 이혼하기로 약속했어요."

그 말을 듣고 정말 믿기지 않았습니다. 그동안 교회에서 보여 준 화목한 분위기는 어떻게 된 거냐고 묻자, 그것도 서로 합의하여 연출한 것이라고 했습니다. 부부의 솔직한 상황이 노출되면 목사인 내가 심방을 하게 될 것이고, 그러면 교회에 알려져 피차간에 피곤해질 것이라 생각해 행복한 척 위장하자고 했다는 것입니다.

부부의 불화는 하나님이 기뻐하시지 않습니다. 게다가 그로 인한 스트레스는 자녀에게 치명적인 상처를 남깁니다. 나는 두 사람에게 아이의 병이 부모의 불화와 무관하지 않은 것 같다고 말해 주고, 그들의 손을 붙잡고 기도해 주었습니다. 집사님 부부는 그 자리에서 회개하며 서로 용서를 구했습니다.

더 놀라운 것은, 그 일이 있은 후 아이의 병이 깨끗이 나았다는 것입니다. 수술도 하지 않았는데 이런 결과가 나왔다는 것은 그야말로 기적이었습니다.

이렇듯 우리는 화목하기를 힘써야 합니다. 동시에 불화를 가져오는 마귀의 유혹을 물리쳐야 합니다.

아담과 하와가 하나님이 주신 에덴동산을 잃어버린 것은 마귀의 유혹에 넘어갔기 때문입니다. 마귀가 역사하면 화목하던 관계도 깨지고 번번이 실수하고 잘못하므로 실패한 인생을 살게 됩니다.

하나님의 일을 하며 화목하게 지내야 할 시간에 불평하고 험담하며 분열을 조장하고 있다면 그것은 마귀에게 속았기 때문입니다.

우리는 하나님께로부터 화목하게 하는 직분을 받은 사람들입니다. 우리 자신은 물론이고 세상에 화목을 가져오는 사람이 되어야 합니다.

2
다른 것과 틀린 것을
이해하다

　　　　　　1992년의 어느 날, 부목사로 은혜한인
교회를 섬기던 내게 마치 최후통첩과 같은 편지 한 장이 도착했습
니다. 그 편지에는 이런 메시지가 적혀 있었습니다.

"저는 샌디에이고 갈보리교회를 섬기고 있는 성도입니다. 최근
여러 가지 사정으로 교회가 갈라지면서 담임목사님이 공석이 되
었습니다. 오랫동안 담임목사님 청빙을 위해 기도했습니다. 그리
고 한기홍 목사님을 청빙하라는 응답을 받았습니다. 목사님도 이
를 위해 기도해 주십시오. 빠른 시간 내에 답신을 부탁드립니다.
감사합니다."

당시에 나는 그 편지를 받고 놀라기는 했지만 교회의 분열로 힘들어하는 어느 성도의 호소쯤으로 간주했습니다. 그러던 어느 날 편지의 주인공이 직접 전화를 걸어 왔습니다.

"한기홍 목사님, 기도해 보셨나요?"

순간 뜨끔했습니다. 그가 보낸 편지를 무시한 데다 까마득히 잊어버리고 있었던 것입니다. 그는 지금쯤이면 내가 충분히 기도해서 응답을 받았을 것으로 생각했다면서 시간을 내어 갈보리교회를 방문해 달라고 했습니다. 나는 솔직히 기도하지 않았다고 말할 수 없어 '좀 더 시간을 달라' 하고 전화를 끊었습니다.

"한 목사님, 저희는 이미 기도 응답을 받았습니다."

그의 마지막 이 한마디는 뒤통수를 한 대 세게 후려치는 것처럼 오래도록 여운이 남았습니다.

결국 나는 하던 일을 작파하고 기도원으로 올라가 금식기도를 시작했습니다. 그렇게 3일째 되던 날, 하나님이 "샌디에이고로 내려가라"고 말씀하신다는 마음의 확신이 들었습니다.

처음에는 주변의 반대가 있었습니다. 그러나 김광신 목사님은 "기도해 보고 다시 이야기해 보자"고 했고, 나 역시 하나님의 뜻을 따르기 원한다고 끝까지 기도했습니다. 그리고 며칠 후 김광신 목사님과 많은 성도들의 축복과 기도 속에서 나는 갈보리교회로 가게 됐습니다.

암담한 교회 현실

초보 운전자는 운전 중에 전혀 예상치 못한 상황이 돌출되면 잔뜩 긴장합니다. 어리숙한 실수를 하기도 하고 어이없는 사고를 내기도 합니다. 하지만 누구든지 그런 과정을 거쳐서 능숙한 운전자가 됩니다.

목회 현장도 마찬가지입니다. 한 교회를 이끄는 목회자가 되기까지는 거쳐야 할 난관이 있게 마련입니다.

생각지도 못한 난관을 만났을 때 어떻게 해야 할까요? 심호흡을 깊게 하고 가장 먼저 하나님과의 관계에 초점을 맞춰야 합니다. 닥친 난관을 넘을 방법은 하나님밖에 없기 때문입니다.

'나는 지금 사역을 감당하면서 주님의 참 포도나무에 잘 접목되어 있는가? 혹시 나도 모르게 스스로 해보겠다고 줄기에서 떨어져 나와 매일 바짝바짝 말라 가고 있는 건 아닌가?'

하나님과의 관계가 과연 바른가를 알고 나면 닥친 난관을 넘을 방법도 알 수 있습니다.

갈보리교회는 인간적인 눈으로 보면 모든 상황이 목회하기 어려운 환경이었습니다. 한때는 200여 명이 모이던 교회였으나 담임목사와 갈등의 골이 깊어지면서 결국 교회가 둘로 나뉘었고, 아이들까지 합쳐서 70여 명만 남아 있었습니다.

교회가 둘로 나뉘면서 마음의 상처가 깊어진 성도들은 목회자에 대한 불신이 팽배했습니다. 그렇다 보니 주일예배에서 말씀을 전하기가 정말 쉽지 않았습니다. 하나님과의 관계는 물론이고 성도 간의 관계도 완전히 깨져서 서로가 서로를 믿지 못 하고 책임지지 않으려는 태도가 역력했습니다.

'하나님이 왜 나를 이런 곳에 보내셨을까. 선배 목사님, 장로님들이 가지 말라고 할 때 그들의 말을 들었어야 했을까?'

교회와 성도들의 모습을 볼 때면 끊임없이 회의가 들었습니다. 하지만 하나님은 기도할 때마다 나를 이곳에 보낸 것이 하나님의 뜻임을 분명히 하셨습니다. 그러니 더욱 무릎 꿇고 기도하는 수밖에 없었습니다.

아름다운 관계에서 오는 행복

상처가 많고 불신이 팽배한 교회에서 사역을 할 때 흔히 상처 치유와 관계 회복부터 손을 대려 합니다. 하지만 그러면 오히려 화상을 입게 됩니다. 이때는 참고 인내하며 고통의 시간을 버텨야 합니다.

불이 훨훨 타고 있다고 덥석 진압부터 하려고 들면 금세 탈진해서 불도 못 끄고 나도 위험해집니다. 목회자 역시 영적으로 고갈되어 위험해지는 것입니다.

나는 교인들의 아픔을 보면서 먼저 나의 아픔과 상처를 치유하고 주님과 관계를 바르게 회복하는 데 집중했습니다. '어떤 경우라도 참 포도나무에 접목되어서 마른 가지처럼 되지 않고 풍성한 열매를 맺으리라'고 매 순간 다짐했습니다. 그리고 하나님은 이를 위해 기도하는 내게 "사람들과의 관계를 잘 유지하는 '행복한 목회자'가 돼라"고 나아갈 방향을 제시하셨습니다. 결코 '성공한 목회자가 돼라'고 하시지 않았습니다.

행복한 목회자가 되려면 무엇을 해야 할까. 나는 그때부터 행복한 목회자가 되기 위한 길을 찾기 시작했습니다. 그리고 마침내 그것은 '아름다운 관계'에 있음을 깨달았습니다. 성도 한 사람 한 사람과 아름다운 관계를 맺는 것이 행복한 목회자가 되는 비결임을 안 것입니다.

그렇다면 아름다운 관계는 어떻게 맺어야 할까. 그것은 무엇보다 그들을 품고 기도하는 데서 시작된다고 생각했습니다. 그래서 성도 한 사람 한 사람을 품고 기도하기 시작했습니다.

부부도 싸웁니다

최고의 사랑은 포용입니다. 예수님은 예수님을 향해 욕하고 침 뱉고 때리고 못 박는 사람들을 위해 용서의 기도를 하셨습니다. 하나님이 보여 주신 최고의 사랑은 자신을 못 박는 우리를 용서해 주신 것입니다.

우리는 누군가를 용서할 자격도 못 되는 죄인입니다. 그럼에도 용서할 수 있었다면 그것은 하나님께로부터 능력이 임한 것입니다. 그러므로 우리가 할 수 있는 최고의 사랑은 용서입니다. 하나님의 사랑을 아는 사람은 용서할 수 있습니다.

사랑하면서도 불편한 관계가 있습니다. 용서하지 못하기 때문입니다. 사랑할 뿐 아니라 용서할 때 가장 아름다운 관계가 될 수 있습니다.

갈보리교회에서 사역하던 어느 날 장로님들과 함께 당회를 하고 있었습니다. 그런데 장로님 중에 한 분이 아주 격하게 불만을 토로하면서 잘못의 책임을 다른 사람에게 전가했습니다. 당장이라도 무슨 일이 일어날 것 같은 험악한 분위기였으나 겨우 수습해서 당회를 끝냈습니다.

안도의 한숨을 돌리며 빠져나왔는데 바깥도 험악하긴 마찬가지였습니다. 화장실로 향하려는 나를 누군가 막아서며 분통을 터뜨렸습니다.

"아니 목사님은 화가 나지도 않습니까? 어떻게 말도 안 되는 소리를 하는데 가만히 듣기만 하십니까? 저런 사람은 따끔하게 잘못을 지적해 줘야 다시는 그런 망발을 하지 않을 것 아닙니까!"

장로님 한 분이 화가 머리끝까지 나서 내게 고함을 지르는데 순간 아찔했습니다. 나는 이 위기의 상황을 어떻게 지나가면 좋을지 성령님의 지혜를 구했습니다. 그때 주셨던 지혜가 바로 '다른 것은 틀린 것이 아니다'라는 것입니다.

사랑하는 배우자와도 때로는 부부싸움을 합니다. 서로 의견이 달라서입니다. 어느 한쪽이 잘못을 해서 싸웠더라도 서로 이해해 주고 용서해 준다면 그 싸움은 끝이 납니다. 아무리 크게 싸웠다고 해도 그때마다 '헤어지자', '갈라서자' 할 수 없는 것입니다.

마찬가지로 교회 안에 모인 사람들이 항상 의견이 같을 수는 없습니다. 부부가 싸울 때마다 갈라서겠다고 하면 그 가정이 바로 설 수 없는 것처럼, 교회도 나와 의견이 다르다고 그때마다 서로 손가락질을 한다면 그것은 예수님의 교회라 할 수 없습니다.

우리는 예수님의 사랑 안에서 하나가 된 한 가족입니다. 가족이라면 잘못과 실수를 이해해 주고 용서해 줄 수 있어야 합니다. 때로는 참아 줄 줄도 알아야 합니다.

하나님이 주신 지혜로 나는 장로님을 설득했습니다. 감사하게도 내 이야기를 듣던 장로님의 얼굴에서 붉으락푸르락하던 핏기가 사라지기 시작했습니다.

"저는 갈보리교회를 아름다운 교회, 사랑이 충만한 교회로 세우고 싶습니다. 그것이 하나님이 제게 주신 마음입니다. 장로님도 도와주시면 좋겠습니다."

내가 말을 마칠 즈음엔 장로님의 얼굴이 예의 평온한 상태로 돌아와 있었습니다. 아니 눈에 눈물까지 그렁그렁해서 내 손을 덥석 잡았습니다.

"이제야 목사님의 마음을 이해하겠습니다. 교회와 목사님의 사역을 위해서 밤낮으로 기도하겠습니다."

그날 이후 그 장로님은 나의 가장 든든한 동역자로서 헌신적으로 갈보리교회를 섬겼습니다. 덕분에 나는 12년 동안 행복한 목회를 할 수 있었습니다.

우리는 모두 그리스도 예수 안에서 한 가족입니다. 다투지 마십시오. 서로 편을 갈라 싸우지 마십시오. 우리 모두는 지체들, 교회들과 연합하여 하나님의 아름다운 교회가 되어야 합니다.

다른 것이 틀린 것은 아닙니다. 서로 용납하고, 이해하고, 사랑하는 것이 중요합니다. 다른 것은 중요하지 않습니다.

3

나의 모델,
사도 바울

이 말을 한 후 무릎을 꿇고 그 모든 사람들과 함께 기도하니 다
크게 울며 바울의 목을 안고 입을 맞추고 다시 그 얼굴을 보지
못하리라 한 말로 말미암아 더욱 근심하고 배에까지 그를 전송
하니라 <u>행 20:36-38</u>

예루살렘으로 떠나기에 앞서 바울은 에베소교회 장로들을 불러
고별 설교를 한 뒤 눈물의 이별을 했습니다. 지난 3년간 눈물을 뿌
리며 기도한 에베소교회를 생각하면 바울의 마음은 만감이 교차
했습니다. 더구나 지금 예루살렘으로 돌아가면 다시는 에베소교

회 성도들을 보지 못할 수도 있습니다. 장로들도 그 사실을 알기에 바울과 이별하는 시간이 너무나 가슴 아프고 안타까웠을 것입니다.

그러나 바울은 역시 바울이었습니다. 모두가 만류하는 예루살렘행을 사명감 하나로 달려갔습니다.

> 내가 달려갈 길과 주 예수께 받은 사명 곧 하나님의 은혜의 복음을 증언하는 일을 마치려 함에는 나의 생명조차 조금도 귀한 것으로 여기지 아니하노라 행 20:24

갈보리교회에 부임했을 때 나의 심정도 바울과 다르지 않았습니다. 어떤 상황이라도 바울과 같이 눈물을 뿌리며 하나되는 교회를 위해 목숨조차 아끼지 않으리라 각오했습니다.

하지만 현실은 예상한 것보다 훨씬 어려웠습니다. 이미 분열의 아픔으로 내상이 큰 성도들은 내게 쉽게 마음을 열어 주지 않았습니다. 내가 무슨 일을 하자고 하면 반대하는 것도 아니고 찬성하는 것도 아니고 서로 눈치만 보면서 방관할 따름이었습니다.

바울도 에베소교회에 있을 때 유대인들의 간계로 많은 어려움을 겪었습니다(행 20:19). 그러나 3년간 눈물을 뿌리며 목회한 결과 성도들과 서로 사랑하고 화목하는 관계로 회복되었습니다.

과연 바울은 어떻게 했던 걸까요?

희생과 포용의 목회

내 입맛에 맞고 내 의견을 잘 따라 주는 사람과 좋은 관계를 갖는 것은 누구나 할 수 있는 일입니다. 문제는 '끊임없이 괴롭히며 분열을 조장하던 무리들과 어떻게 화목할 수 있느냐'입니다.

바울은 먼저 희생하고 포용함으로써 화목을 회복했습니다. '생명을 얻기 위해서 생명을 아낌없어 내어 주는' 자세를 보이지 않고는 온전한 관계를 이룰 수 없습니다.

갈보리교회에 부임한 뒤 나는 목회자에게 상처받은 성도들의 마음을 위로하고 싶었습니다. 그래서 큰일이든 작은 일이든 내가 먼저 솔선수범해야겠다고 마음먹었습니다. 기도할 일이 있으면 이른 새벽이든 늦은 밤이든 가리지 않고 달려가 기도했습니다. 언제 어디서든 성도들을 만나면 영적으로 복을 받고 모든 것이 잘되게 해달라고 기도했습니다.

그렇게 한 해가 지나자 감사하게도 성도들은 '한기홍 목사는 우리를 위해 기도하는 사람'으로 나를 기억해 주었습니다. 더욱 감사했던 것은 사사건건 내 생각에 반기를 들며 언성을 높이던 성도들이 언제부턴가 내 의견을 지지해 주고 먼저 헌신해 주는 사람들로 바뀌어 갔다는 사실입니다.

은혜한인교회에 다시 부임한 뒤로도 바울을 모델로 삼는 나의 사역 방향에는 변함이 없습니다. 교회의 규모가 커지면서 예전처럼 한 사람 한 사람과 관계를 맺기가 어려워졌지만, 지금도 시간을 쪼개서라도 성도들과 일대일로 만나 대화도 나누고 기도도 해 주려 최선을 다하고 있습니다.

하나님과의 관계로 보는 영적 상태 자가진단

　기본기에 충실한 선수가 올림픽 본선대회에서도 좋은 열매를 맺는 것처럼 그리스도인의 기본기는 하나님과 밀접한 관계와 성령 충만입니다. 나는 평소 몇 가지 체크포인트를 기준으로 나의 영적 상태를 점검합니다.

첫째, 날마다 말씀을 묵상하되
그 말씀이 내 삶에서 어떻게 나타나고 있는가?

　하나님의 말씀은 능력입니다. 성령 충만하지 않으면 말씀을 읽어도 깨달음이 없습니다. 그래서 매일 말씀을 읽고 묵상하는 습관도 중요하지만, 그 말씀을 읽고 어떤 깨달음을 얻었는지, 오늘 내 삶에 어떤 영향을 미쳤는지를 점검하는 것이 중요합니다.

둘째, 기도의 문이 열려 있는가?

　주님과 밀접한 관계를 유지하고 있는지를 확인할 수 있는 척도는 '기도의 문이 열려 있는가'입니다. 기도와 성령 충만은 정비례 관계이기 때문에 수시로 기도하고, 쉬지 않고 기도하고 있는지를 점검해야 합니다.

셋째, 주변 사람들과의 관계는 어떤가?

주님과 밀접한 관계를 유지하고 있으면 주변 사람들과도 화목한 관계를 유지할 수 있습니다. 만일 주변 사람들과 불화하고 있다면 먼저 하나님과의 관계를 점검해야 합니다.

넷째, 말씀에 순종하고 있는가?

하나님은 말씀을 통해 종들에게 지시하고 비전을 보여 주고 사역의 길을 열어 주십니다. 이때 순종하는 것이 중요합니다. 만일 순종하지 않고 있다면 순종하지 못하게 하는 그것이 무엇인지 점검해 보아야 합니다.

다섯째, 성령의 열매가 삶 가운데 맺어지고 있는가?

하나님과 온전한 관계에 있으면 우리의 삶과 사역 가운데 그분의 영향이 나타납니다. 우리가 곧 성령의 열매인 것입니다. 기쁘지 않다면, 불안하다면, 누군가가 밉다면 먼저 하나님과의 관계를 점검해 봐야 합니다.

여섯째, 비전은 확실한가?

바울은 "푯대를 향하여 그리스도 예수 안에서 하나님이 위에서 부르신 부름의 상을 위하여 달려가노라"(빌 3:14)라고 했습니다. 수시로 '나의 비전과 사역의 방향이 분명한가'를 점검해야 바른 길로 달려갈 수 있습니다.

3부

마음을 지켰다면
망한 것이 아닙니다

죄의 유혹 앞에
관대함을 버리다

1
변화의 시작은
마음에서부터

너희는 이 세대를 본받지 말고 오직 마음을 새롭게 함으로 변화
를 받아 하나님의 선하시고 기뻐하시고 온전하신 뜻이 무엇인
지 분별하도록 하라 **롬 12:2**

몇 십 년 전만 해도 대한민국은 먹고살기도 힘들던 가난한 나라
였습니다. 한국전쟁 이후 폐허가 되다시피 한 나라가 지금은 경제
적으로 세계 상위권에 이름을 올리는 나라가 되었습니다. 우리의
경제 성장을 두고 전 세계는 '한강의 기적'이라고 입을 모읍니다.
　그러나 한국은 세계에서 자살률이 제일 높은 나라이며 행복지

수 역시 매우 낮은 행복하지 않은 나라로도 유명합니다. 미국에 사는 이민자들 역시 우울증과 각종 질병에 시달리는 등 행복하지 않기는 마찬가지입니다.

그런 점에서 행복한 삶의 조건은 외적인 환경에 있다 할 수 없습니다. 오히려 내적인 환경이 더 중요합니다. 아무리 힘든 환경이라도 마음에 활력이 넘치면 인생은 행복할 수 있습니다.

그래서 바울은 마음에 변화를 받는 것이 중요하다고 말했습니다. 예수님도 팔복을 말씀하시면서 마음이 중요하다고 하셨습니다.

> 마음이 청결한 자는 복이 있나니 그들이 하나님을 볼 것임이요
> 마 5:8

마음의 변화가 불러오는 기적

우리는 환경이 좀 더 나으면 만족스럽지 않을까 기대합니다. 일시적으로는 그럴 수 있겠지만 시간이 지나면 그보다 더 나은 환경을 또 바라게 됩니다. 영원히 만족스러울 수 없는 것입니다. 어떤 사람은 은퇴하면 저 푸른 초원에 예쁜 집을 짓고 골프나 치면서 유유자적 살고 싶다고 말합니다. 오늘 열심히 일하는 이유가 여유 있는 삶인 것입니다. 그러나 과연 푸른 초원에 예쁜 집을 짓는다고 해서 여유만만하게 살 수 있을까요? 골프나 치면서 유유자적 산다고 삶이 만족스러울까요? 초원

위의 예쁜 집도, 골프나 치러 다니는 유유자적한 삶도, 마음에 활력이 있어야 즐겁고 행복한 삶이 됩니다.

> 마음의 즐거움은 얼굴을 빛나게 하여도 마음의 근심은 심령을 상하게 하느니라 잠 15:13

마음에 활력이 있어야 "영혼이 잘됨같이 범사가 잘되고 강건한" 인생을 살게 됩니다. 기쁨이 없고 감사함이 없다면 마음에 활력이 없는 것입니다.

우리 안에 활력을 회복하기 위해서는 첫째, 오직 마음이 새롭게 변화를 받아야 합니다.

'마음이 새롭게 변화를 받는다'니 무슨 뜻입니까? 유혹과 세상 욕심이나 썩을 구습을 좇지 않는다는 것입니다.

> 속에서 곧 사람의 마음에서 나오는 것은 악한 생각 곧 음란과 도둑질과 살인과 간음과 탐욕과 악독과 속임과 음탕과 질투와 비방과 교만과 우매함이니 이 모든 악한 것이 다 속에서 나와서 사람을 더럽게 하느니라 막 7:21-23

예수를 믿는데도 불구하고 마음속에서 나오는 이런 더러운 것들이 있는 한 결단코 마음에 활력을 얻을 수 없습니다. 마음속이 변화받아야 합니다. 이 마음속이 변화되지 않으면 어떤 상황에서도 만족할 수 없습니다.

사람들은 구조적인 환경을 바꾸면 내적인 것도 바뀔 수 있다고 생각합니다. 물론 내면 세계가 환경의 영향을 받기는 합니다. 하지만 근본적인 것이 변화되지 않으면 한계가 있습니다.

내적인 것은 '변화하는' 것이 아니라 '변화받는' 것입니다. 그리고 이 변화는 오직 성령으로만 이루어집니다. 하나님의 성령으로 충만해야 우리의 속사람이 새로워질 수 있습니다.

> 너희는 유혹의 욕심을 따라 썩어져 가는 구습을 따르는 옛 사람을 벗어 버리고 오직 너희의 심령이 새롭게 되어 하나님을 따라 의와 진리의 거룩함으로 지으심을 받은 새 사람을 입으라
>
> 엡 4:22-24

오래전에 텍사스에 산다는 어떤 성도에게서 전화를 받았습니다. 그 성도는 상기된 목소리로 "목사님, 정말 감사합니다"라며 연신 감사를 전했습니다. 사연을 들어 보니 그는 지난 30년간 우울증과 불면증으로 고통받았다고 했습니다. 잠을 제대로 못 자다 보니 건강도 안 좋아져서 그동안 병원 신세를 많이 졌습니다.

그는 텍사스에서도 늘 내 설교 테이프를 주기적으로 들었는데, 하루는 설교를 듣다가 병의 진짜 원인을 알게 되었다고 합니다. 다름 아닌 새어머니를 미워한 마음이었습니다. 어릴 적 부모님의 이혼으로 새어머니 밑에서 자라면서 모진 시련을 당했던 것입니다.

병의 원인을 알게 된 후 그는 새어머니를 용서했습니다. 그러자 그렇게 오랜 세월 괴롭히던 병이 떠나갔습니다. 병원에서 완치됐다는 진단도 받았다고 합니다.

이렇듯 마음의 변화는 활력을 만들고, 이는 환경과 건강까지도 변화시키는 놀라운 기적을 가져다줍니다.

활력을 회복하는 두 번째 방법은 뜨거운 마음을 갖는 것입니다. 부활하신 예수님과 동행하는 삶을 살면 가슴이 뜨거워집니다. 가슴이 뜨거워지면 열정이 생기고 지칠 줄 모르게 됩니다.

> 네가 이같이 미지근하여 뜨겁지도 아니하고 차지도 아니하니
> 내 입에서 너를 토하여 버리리라 계 3:16

이제야 좀 따뜻해지는 것 같습니까? 그렇다면 아직 차가운 것입니다. '차든지 덥든지' 둘 중에 하나일 뿐입니다. 중간은 없습니다.

마음이 뜨거워야 합니다.

2
내 마음의
우선순위

너희는 먼저 그의 나라와 그의 의를 구하라 그리하면 이 모든
것을 너희에게 더하시리라 <u>마 6:33</u>

어느 부잣집에 불이 났습니다. 그 집의 부부는 금고 안에 숨겨
둔 중요한 집문서와 현찰을 챙겨 부랴부랴 나오면서 "정말 이것마
저 불에 탔으면 어쩔 뻔했어" 했습니다. 그런데 다음 순간 정신이
번쩍 나면서 한 살짜리 아들을 방에 두고 온 것이 생각났습니다.

돈이나 집문서보다 소중한 것이 아들의 생명입니다.

우리가 '급한 일'부터 하는 것은 어쩌면 소중한 아들 대신 돈과

집문서를 챙기는 것과 같은 일인지도 모릅니다. 급한 일부터 분주하게 처리하는 우리를 향해 예수님은 '중요한 일'이 있다고 말씀하십니다. 그것은 아들의 생명처럼 소중한 것입니다.

'급한 일'이 아니라 '중요한 일'을 하라

성도들의 집에 심방을 가면 우리가 얼마나 중요하지 않은 일에 집착하는지를 알게 됩니다. 목사인 내가 성도들의 집을 방문하는 것은, 그 가정에 하나님의 말씀을 전하고 축복하기 위해서입니다. 그런데 성도들은 말씀에 집중하지 않고 목사를 대접할 일에 더 집중합니다. 그래서 심방하고 나면 말씀이 남는 게 아니라 제대로 대접했는가, 아닌가만 오랫동안 머리에 남습니다.

전도사 시절, 나는 새벽부터 밤늦게까지 예배를 드린 뒤에는 심방을 다녔습니다. 그날도 심방을 마치고 밤늦게 집으로 돌아오는데 갑자기 "오늘 너 많이 일했다" 하는 음성이 들렸습니다. 참 감사했습니다. 하지만 뒤이어 "너 나하고 교제 좀 하자" 하는 음성이 들렸습니다.

그때 나는 교회 일로 분주한 것과 주님과 교제를 나누는 일은 별개임을 알았습니다. 주님은 우리와 교제하기 원하십니다.

사람들은 '무엇을 먹을까? 무엇을 마실까?' 염려하면서 이것을 '급한 일'이라 여겨 우선순위에 두고 살아갑니다. 그러나 예수님은

'급한 일'이 아니라 '중요한 일'에 주목하라고 말씀하십니다. '중요한 일'은 바로 '하나님의 나라와 의를 구하는 것'입니다.

교회에서 여러 가지 일로 분주하더라도 주님과 교제하는 것을 빼먹으면 안 됩니다. 하나님이 기뻐하시지 않습니다. 더구나 예배도 빼먹고 말씀도 빼먹는 봉사라면 우리를 시험에 들게 만듭니다. 몸은 분주하고 피곤한데 영혼은 자꾸 메말라서 허무하고 허전해집니다.

예배 중심으로, 말씀 중심으로, 무엇보다도 주님과 먼저 교제하기를 힘쓰며 주의 일을 하십시오. 그것을 하나님이 기뻐하십니다.

순종이 축복이다

한 알의 밀알이 썩는 일은 고통이요 희생입니다. 그러나 그 희생이 없이는 풍성한 열매를 기대할 수 없습니다. 그것의 모범이 바로 예수님입니다. 십자가 없는 구원은 없습니다. 희생 없는 면류관도 없습니다.

그래서 자아가 죽지 않은 열심은 위험합니다. 내 뜻과 내 계획이 살아 있는 한 하나님께 영광이 될 수 없습니다.

> 나의 계명을 지키는 자라야 나를 사랑하는 자니 나를 사랑하는 자는 내 아버지께 사랑을 받을 것이요 나도 그를 사랑하여 그에게 나를 나타내리라 요 14:21

주님을 뜨겁게 사랑하는 사람은 주님의 말씀에 순종하게 되어 있습니다. 순종은 우리가 주님을 사랑하는 표징이고 주님은 그런 자에게 복을 주십니다. 신명기 28장에서 하나님은 그의 말씀에 순종하는 자녀들에게 어마어마한 복을 약속하셨습니다.

많은 사람이 새벽부터 밤까지 열심히 일하거나 공부합니다. 하지만 아무리 수고하고 애써도 인생은 마음대로 되지 않습니다. 하나님이 만나 주시지 않으면 인생은 모래성을 쌓은 것처럼 허무할 따름입니다.

하나님은 우리 모두에게 복 주기 원하십니다. 그런데 조건이 있습니다. 바로 순종입니다. 순종하면 은혜받는 인생을 살게 됩니다. 모래성을 쌓는 허무한 인생이 되지 않습니다. 그러므로 순종할 수 있는 것이 복입니다.

그런데 하나님의 말씀은 과연 순종할 만합니까? 신앙생활을 하다 보면 말씀에 순종하는 것이 쉽지 않지만, 그럼에도 우리가 순종해야 하는 이유는 하나님의 말씀이야말로 불변하는 진리이기 때문입니다.

내가 곧 길이요 진리요 생명이니 요 14:6

하나님의 말씀, 예수님의 입에서 나오는 말씀이 영이요 생명이라면 이 말씀을 순종하는 자에게는 살아나는 역사, 생명을 얻는 역사가 일어날 것입니다. 이 말씀이 진리이기 때문에 순종하는 사람에게는 하나님의 약속이 그대로 이루어집니다.

순종은 무조건 하는 것이다

내 인생에서 가장 큰 축복은 예수를 믿은 것입니다. 나는 예수를 믿지 않는 불신자였습니다. 그러던 어느 날 전도지에 적힌 죽음과 심판에 관한 말씀을 읽고 교회를 찾았습니다. "영원한 생명, 영원한 선물을 받기 원하십니까?"라는 질문을 받고 믿어지지 않아도 그러고 싶다고 대답했습니다. 그리고 무조건 순종함으로 예수님을 영접하고 내 마음에 모셔 들이자 "영접하는 자 곧 그 이름을 믿는 자들에게는 하나님의 자녀가 되는 권세를 주셨으니"(요 1:12)라는 약속의 말씀이 내 삶 가운데서 이루어졌습니다. 성령이 임하고 거듭나서 하나님의 자녀가 된 것입니다.

어느 성도의 사업장을 방문했을 때의 일입니다. 나는 성도 부부에게 "구원의 확신이 있습니까?"라고 물어봤지만 둘은 분명하게 대답하지 못했습니다. 그래서 복음을 전한 후 "이 영생의 선물을 받기 원하십니까?" 하고 물으니까 부인은 "예, 받고 싶습니다" 하는데 남편은 고개를 저었습니다. 몇 번 더 영접하기를 권했으나 남편은 고개만 저을 뿐이었습니다. 하는 수 없이 내가 부부의 손을 잡고 "따라서 기도하세요. 영접하면 하나님의 자녀가 되는 권세를 주신다고 했습니다" 하고 말하고 영접기도를 하는데 부인은 또박또박 따라 했지만 남편은 입을 굳게 다물었습니다. 기도를 인도하면서도 너무 마음이 아팠습니다. 순종하기만 하면 되는데 그러지 못하는 것입니다.

순종은 어떻게 해야 할까요?

첫째, 무조건 해야 합니다. 하나님의 말씀은 믿어지고 안 믿어지고가 없습니다. 이해되고 안 되고가 없습니다. 말씀은 무조건 순종해야 합니다.

하나님이 말씀을 주셨을 때 즉각 순종하지 않으면 사탄이 불순종하도록 방해합니다. 에덴동산에서 모든 축복을 다 받은 아담과 하와도 사탄의 방해로 불순종하게 되었습니다. '동산 중앙에 있는 선악과는 먹지 말라'는 하나님의 명령을 뱀이 '먹어도 된다'고 교란한 것입니다.

자녀들을 키울 때, 반항하고 불순종하라고 교육하는 어른은 없습니다. 그런데 신기하게도 아이들은 반항을 아주 잘합니다. 가르쳐 주지 않아도 저절로 불순종합니다. 반대로 그 길로 가지 말라고 가르치면 굳이 그 길로 가고 싶어 합니다. 이것이 사탄의 역사인 것입니다.

둘째, 순종은 즉각적으로 해야 합니다. 성령님이 감동을 주실 때 즉각 순종하지 않으면 영락없이 사탄은 순종하지 못하도록 방해합니다. 사탄의 전략은 즉각적인 순종이 아니라 자꾸 미루게 하는 것입니다. '내일 하지', '다음 달에 하지' 하고, 이 모양 저 모양으로 순종하지 않는 이유를 둘러대게 만듭니다.

그래서 사탄이 바라는 것이 무엇일까요? 하나님의 복이 우리에게 임하지 않게 하는 것입니다. 순종하지 않으므로 하나님이 우리에게 주기로 작정하신 복이 임하지 않게 되는 것입니다.

셋째, 순종은 전적으로 해야 합니다. 어떤 사람은 순종하다가 조금 힘들면 포기하고 이것은 순종하고 저것은 순종하지 않습니다. 자기 생각으로 순종할 것인가 말 것인가를 결정하는 것입니다.

하지만 하나님이 원하시는 순종은 전적인 순종이며, 온전한 순종입니다. 부분적인 순종은 온전한 순종이 아니며 사실 불순종에 해당합니다.

마음 관리를 어떻게 합니까?

모유를 먹이는 어머니의 마음에 분노가 가득하면 아기가 모유를 먹고 체한다고 합니다.

마찬가지로 말씀을 먹여야 하는 목회자는 하나님의 말씀을 대언하는 사람으로서 우선 본인의 마음에 평강이 있고 기쁨이 있어야 합니다. 그렇지 못하면 말씀을 제대로 전할 수 없으며, 더구나 성도의 삶에 변화를 일으킬 수 없습니다.

마음의 상태는 모든 면에서 실제적인 영향을 미칩니다. 그렇다면 마음을 어떻게 관리해야 할까요?

첫째, 기도입니다.

기도를 통해서 우리는 우리의 마음이 오직 주님을 향할 수 있도록 관리할 수 있습니다. 현대인은 '바쁘다'를 입에 달고 삽니다. 그런 중에도 주님을 잃지 않고 주님께 다가가는 길은 기도밖에 없습니다.

마음이 착잡하고 이유 없이 불안하면 이유여하를 불문하고 먼저 무릎을 꿇고 기도합시다.

둘째, 예수의 이름을 사용합니다.

주님의 보혈을 의지하면서 마음을 불안하게 하는 것들, 미혹하게 하는 것들, 음란하게 만드는 것들을 예수의 이름으로 쫓아내는 것입니다

셋째, 끊임없이 감사의 고백을 합니다.

평소 그냥 지나쳤던 것들을 새롭게 느끼며 감사하면 마음에 평강과 기쁨이 회복됩니다.

넷째, 찬양을 합니다.

은혜와 감사가 넘치는 찬양을 지속적으로 듣다 보면, 가사를 통

해 마음의 평강이 회복됩니다.

　이유 없이 오해를 받을 때, 또는 주변 사람들이 감사의 말보다 불평을 쏟아놓을 때 마음이 힘듭니다. 분을 내는 것은 이미 마음의 평강을 잃어버린 상태입니다. 특히 그리스도인은 주님을 의지해 마음의 평강을 유지해야 합니다.

3
크고 작은
영적 싸움

　　　　　　　신앙생활은 끊임없는 영적 싸움입니다.
예수 그리스도를 믿고 구원을 받았으나, 저 영원한 천국에 가기까
지는 크고 작은 싸움을 계속 해야 합니다. 사탄이 예수님께 돌아
온 사람들에게 끊임없이 싸움을 걸고 시험을 하기 때문입니다.

　　　근신하라 깨어라 너희 대적 마귀가 우는 사자같이 두루 다니며
　　　삼킬 자를 찾나니 벧전 5:8

예수를 믿는 순간부터 하나님의 자녀들은 마귀의 공격 대상이

됩니다. 전쟁에서 이기면 기쁨과 승리와 성공과 성장이 따르지만 지면 좌절하고 퇴보할 수밖에 없습니다.

싸움에는 세 가지 대상이 있습니다.

첫째, 자기 자신과의 싸움입니다. 영적 싸움은 주로 마음과 육신이 싸우게 됩니다.

둘째, 세상과의 싸움입니다. 불신앙의 세상은 끊임없이 믿는 성도들을 유혹하고 시험합니다.

> 무릇 하나님께로부터 난 자마다 세상을 이기느니라 세상을 이기는 승리는 이것이니 우리의 믿음이니라 요일 5:4

셋째, 사탄과의 싸움입니다.

> 우리의 씨름은 혈과 육을 상대하는 것이 아니요 통치자들과 권세들과 이 어둠의 세상 주관자들과 하늘에 있는 악의 영들을 상대함이라 엡 6:12

악한 영과의 싸움에서 승리해야 신앙의 성장이 있고 날마다 하나님 앞에 영광 돌리는 삶이 될 수 있습니다.

예배드리려고 교회 가는 중에 사소한 일로 싸움이 벌어져서 "나 교회 안 가" 하고 분을 내며 교회가 아닌 다른 곳으로 가는 사람도 있습니다. 사소한 일 때문에 엄청난 은혜와 축복의 기회를 놓쳐선

안 됩니다. 크고 작은 시험이 우리를 넘어뜨리려 할 때가 하나님이 우리를 축복하시고자 할 때입니다. 작은 싸움에서부터 승리해야 합니다.

많은 사람이 열심히 일해서 이제 뭔가 이룰 만하면 가정이 깨지고 이웃과 다투고 분쟁에 휘말립니다. 뭔가 큰일을 해볼 만하면 문제가 생겨서 포기하게 됩니다. 작은 싸움에서부터 승리하는 습관을 들이십시오.

싸움에서 이기는 비결

마음은 영적 전쟁의 최전방입니다. 이 마음이 무너지면 다 무너지는 것입니다. 마음을 잘 관리해야 합니다.

> 모든 지킬 만한 것 중에 더욱 네 마음을 지키라 생명의 근원이
> 이에서 남이니라 잠 4:23

하나님은 이스라엘 백성이 가나안 땅을 정복할 때 "군대를 잘 훈련시켜라. 무기는 이러저러한 것들을 준비하라"고 말씀하시지 않았습니다. 계속해서 "마음을 지키라"고 말씀하셨습니다. "마음을 강하고 담대하게 하라 두려워하지 말라"고 하셨습니다.

나는 내 마음을 관리하는 데 많은 시간을 투자합니다. 왜냐하면 내 속에 더러운 것이 있으면 하나님께 쓰임 받을 수 없기 때문입

니다. 우리는 우리 마음이 주께 늘 열납되어 있음을 명심해야 합니다. 하나님은 주무시지도 않고 우리의 심령을 감찰하고 계십니다.

우리의 마음을 관리하려면 무엇보다 하나님의 말씀에 초점을 맞추는 삶을 살아야 합니다. 우리는 환경에 초점을 맞춰서 살 수도 있고 말씀에 초점을 맞춰서 살 수도 있습니다. 그러나 환경에 초점을 맞추면 하나님의 영광이 드러나지 않습니다. 하나님이 역사하실 수 없습니다.

많은 사람들이 환경이 좋을 때는 말씀을 잘 지키는 것 같습니다. 그런데 위기가 닥치면 이성을 잃고 말씀을 버립니다. 결국 작은 싸움에서도 지는 것입니다.

나도 신앙생활 하면서 몇 차례 그런 위기가 있었습니다. 주님 앞에 부름을 받아 신학교에 다닐 때였습니다. 나와 함께 유학 온 친구들은 예수를 믿지 않는데도 결혼도 하고 집도 사고 좋은 차도 사고 아주 잘살았습니다. 그들과 비교하면 나는 그저 가난한 유학생일 뿐이었습니다. 매일 통성기도 하느라 목소리가 제대로 나온 적이 없을 만큼 열심히 신앙생활을 했지만 그들에 비하면 나는 아무것도 가진 게 없었습니다. 어느 날 갑자기 '나 망한 거 아니야?' 하는 생각이 들었습니다.

그때 내 마음이 무너졌으면 어떻게 되었을까요? 그러나 그때 하나님은 잠언 23장 17-18절 말씀을 주시며 나를 위로해 주셨습니다.

네 마음으로 죄인의 형통을 부러워하지 말고 항상 여호와를 경외하라 정녕히 네 장래가 있겠고 네 소망이 끊어지지 아니하리라 잠 23:17-18

"죄인의 형통을 부러워하지 말라"는 말씀에 마음을 다시 추스르고 말씀에 초점을 맞추었습니다. 죄인들의 형통함을 부러워하지 않고 오직 주님께만 감사하고 믿음으로 나아갔습니다. 그러자 하나님은 '행복한 목회자'의 길로 나를 인도해 주셨습니다.

4
죄에 대해
분노하라

　　　　사탄의 전략은 작은 곳부터 공략하는 것
입니다. 처음에는 죄라고 생각되지도 않는 사소한 일들에서 우리를
미혹합니다. 그러다 어느 순간 사태를 돌이킬 수 없을 만큼 심각하
게 몰아갑니다. 이것이 사탄이 노리는 전략입니다.

　사탄은 처음부터 하나님께 크게 버림받거나 불량배, 살인자로
만드는 일에는 관심이 없습니다. 사탄은 아주 사소한 일에서부터
하나님을 거역하게 만듭니다. 그런 다음 그것을 거점 삼아 사악한
일을 꾸밉니다.

　지금 이 순간도 사탄은 우리 삶에 관한 첩보를 수집하기 위해

타락한 천사들과 종들을 준비시켜 놓고 있습니다. 우리의 일거수 일투족을 놓치지 않습니다. 그러다 육적인 약함을 발견하면 그곳을 맹렬하게 공격합니다.

죄 같지도 않은 것에서 죄가 시작된다

사도행전 5장에서 '아나니아와 삽비라'는 자기 소유의 땅을 팔아 일부를 숨기고 초대교회에 바쳤습니다. 그들이 베드로의 발등상에 헌금을 내려놓자 베드로 사도는 몹시 당혹스러워하며 물었습니다.

> 아나니아야 어찌하여 사탄이 네 마음에 가득하여 네가 성령을 속이고 땅 값 얼마를 감추었느냐 행 5:3

베드로가 이 말을 하자마자 그들은 현장에서 쓰러져 죽고 맙니다.
하나님이 이 사건을 통해 말씀하시고자 하는 교훈은 무엇입니까? 그것은 아나니아와 삽비라가 소유하고 있던 물리적인 땅덩어리나 돈과 관련된 것이 아니라 그들의 마음밭과 관련된 것입니다.
아나니아와 삽비라는 하나님께 95퍼센트만 순종하고 5퍼센트는 순종하지 않아도 괜찮을 거라고 생각했습니다. 그러나 그 5퍼센트는 그냥 넘어갈 만큼 작은 것이 아니었습니다. 그것은 성령을 속이는 일이었기 때문입니다.

그들이 숨긴 땅 값의 일부는 그들의 마음 가운데 있는 아주 작은 탐심과 관련된 것입니다. 아나니아와 삽비라는 이것이 작다고 여겼지만 사탄에게 거점을 제공하기에는 충분한 것이었습니다. 그들은 사탄이 그들의 마음을 채우도록 마음의 작은 공간을 허락한 것입니다. 이것이 바울이 "마귀에게 틈을 주지 말라"(엡 4:27)고 경고한 이유입니다.

사탄에게는 털끝만큼의 영역도 허락하면 안 됩니다. 아주 작은 영역이 바로 사탄이 우리 마음 가운데 전진기지를 만들기 위해 필요한 공간이기 때문입니다.

죄에 대해 민감하라

> 이에 가르쳐 이르시되 기록된 바 내 집은 만민이 기도하는 집이
> 라 칭함을 받으리라고 하지 아니하였느냐 너희는 강도의 소굴
> 을 만들었도다 막 11:17

예수님은 회칠한 무덤과 같이 겉과 속이 다른 종교 지도자들로 인해 분노하셨습니다. 그들은 겉으로는 거룩한 예복을 입고 성경에 대해 전문가인 것처럼 행세하며 사람들로부터 존경을 받지만, 속은 사탄에게 집어삼켜져 더러워진 상태였습니다. 이들의 모습은 장사꾼들의 소굴이 된 성전과 같았습니다. 모양만 거룩할 뿐

장사꾼들의 소굴이 된 불결한 성전을 보고 예수님은 화를 내셨습니다.

주님의 분노는 거룩한 분노입니다. 당신은 주님이 머리 된 성전으로서 어떻습니까? 교회는 어떻습니까?

우리 또한 죄에 대하여 거룩한 분노를 발할 수 있어야 합니다. 죄에 대해 분노한다는 것은 죄를 시인하고 인정한다는 것입니다. 그럴 때 회개할 수 있습니다.

우리는 흔히 도적질하고 거짓말하고 사기 치는 등 법을 어기는 것만 죄로 생각하지만 마음으로 짓는 죄도 죄입니다. 예수님은 "형제를 미워하는 자마다 살인하는 자"라고 했고, "음욕을 품고 여자를 보는 자마다 마음에 이미 간음하였느니라"고 말씀하셨습니다. 시기하고 질투하고 미워하고 험담하는 모든 것이 죄입니다.

이런 죄가 있을 때 하나님은 우리와 함께할 수 없습니다.

교회도 많고 그리스도인도 많은데 교회가 세상에 영향력을 끼치지 못하는 이유는, 우리가 죄에 대해 민감하지 못하며 분노하지 않기 때문입니다.

'나만 그런가? 다른 사람들도 그러는데 뭐' 하는 자기 합리화가 죄에 대해 민감하지 못하며 미워하지 못하게 만듭니다. 잘못을 저지를 때 그것을 죄로 여기고 미워하십시오. 그러면 그 문제가 끊어질 것입니다. 남을 모함하고 비방하는 것을 미워하면 그것이 우리 안에서 끊어질 것입니다. 생각나는 대로 함부로 말하는 것을 죄로 여기면 그것도 끊어질 것입니다.

예수님이 분노하며 성전을 청소하신 것은 '만민이 기도하는 집'인 교회에 희망이 있고 소망이 있기 때문입니다. 성전이 바로 세워져야 하나님의 영광을 볼 수 있기 때문입니다.

성도는 자신의 죄에 대하여 관대해선 안 됩니다. 마귀에 대해서 화를 내야 합니다. 사람과 싸우려 하지 말고 그 사람 배후에서 역사하는 마귀와 싸워야 합니다. 사이가 좋았던 부부도 마귀가 역사하면 서로 으르렁거리며 싸우게 됩니다. 배후에 역사하는 악한 영을 꾸짖고 쫓아야 합니다.

"나사렛 예수 이름으로, 더러운 귀신아 물러가라 떠나가라! 우리 가정에서 떠나가라! 우리 교회에서 떠나가라! 우리 자녀에게서 떠나가라! 우리 사업장에서 떠나가라!"

거룩한 분노가 없으면 변화가 일어나지 않습니다. 10년, 20년, 30년 교회를 다녀도 신앙생활에 변화가 일어나지 않는다면 그것은 거룩한 분노가 없기 때문입니다. 거룩한 분노를 낼 때 다시는 죄를 반복하지 않고 마귀에게 속지 않습니다.

'보는' 데서 죄가 들어온다

목회자의 70퍼센트는 목회 중에 가장 힘든 것으로 '고독'을 꼽는다고 합니다. 남의 고민과 문제는 들어주고 기도해 주지만, 정작 자신의 문제는 나눌 사람이 없기 때문입니다. 누구보다 주님과 친밀한 목회자이지만, 그럼에도 서로 교제하고 나누는 상대가 필요합니다.

그래서라고 말할 수는 없겠지만, 많은 목회자들이 성적 유혹에서 넘어지는 것을 봅니다. 어떤 경우에는 사회적 이슈가 되면서 매우 심각한 상황으로 치닫기도 합니다.

다윗이 밧세바를 간통하고 남편 우리아를 전쟁터로 보내 죽게까지 한 것은 어느 날 그가 한가롭게 옥상 위를 거닐었기 때문입니다. 너무 한가해서 목욕하는 여인을 본 것이 이 사건의 발단이 되었습니다.

다윗은 여인의 벌거벗은 몸을 보고 참을 수 없는 음욕을 품게 되었고 결국 간통하는 죄를 지었을 뿐 아니라 살인죄까지 저지르게 되었습니다.

그래서 '보는' 것이 중요합니다. '무엇을 보는가'가 '무엇을 생각하는가'를 결정합니다. '보는 것'과 '생각하는 것'이 죄가 들어오는 관문이기 때문입니다. 따라서 보는 것을 경계해야 합니다.

특히 요즘처럼 인터넷으로 음란물이 쉽게 들어오는 세상에선 무엇보다 '보는 것'을 조심해야 합니다.

마음 관리를 위한 좋은 습관을 가지십시오

마음 관리는 소극적인 관리와 적극적인 관리가 있습니다.

소극적인 마음 관리는 '보는 것'을 자제하고 제한하며 좋지 않은 환경을 멀리하는 것 등이 있습니다. 반면에 적극적인 마음 관리는 쉬지 않고 기도하며, 말씀을 읽고, 예배하고 경배하는 일을 우선으로 하고, 늘 주의 일로 바쁘게 사는 것입니다.

**소극적이든 적극적이든, 그리스도인인 우리는
마음 관리를 위해 좋은 습관을 갖는 것이 중요합니다.**

의식적으로 '해야 할 것'과 '하지 말아야 할 것'을 구별하여 스스로 영적 싸움에서 승리하도록 해야 합니다.

부흥집회 인도, 선교지 방문 등 분주한 사역 일정들로 인해 여러 곳을 여행하다 보면 혼자 호텔방에 있게 되는 경우가 많습니다. 사탄의 유혹, 특히 음란의 영이 공격해 들어오는 때는 바로 혼자 있을 때입니다. 혼자 있을 때 이들 사탄의 영은 목회자들을 실족시키기 위해 온갖 방법을 동원합니다.

　그래서 나는 오래전부터 여행을 할 때, 마음 관리를 위해 몇 가지 규칙을 정해 지키고 있습니다.

첫째, 호텔에서는 절대로 TV를 보지 않습니다.

　아무리 한가하고 할 일이 없어도 절대로 TV를 보면서 시간을 흘려보내지 않기로 작정했고 그렇게 하고 있습니다.

둘째, 가능한 식사는 적게 합니다.

　아침식사는 간단히 하고 특별한 약속이나 행사가 있지 않는 한 점심은 금식을 합니다.

　혼자 있을 때 경건해야 사람들 앞에서 떳떳하게 경건함을 말할 수 있습니다. 부흥회에서 성령의 불꽃이 떨어지는 강렬한 메시지를 전하기 위해서는 내가 혼자 있는 시간에 먼저 성령의 불꽃을 경험하고 느껴야 집회에서도 그 불꽃이 떨어집니다.

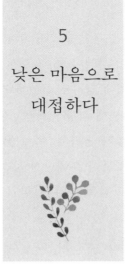

5
낮은 마음으로
대접하다

마음을 지키는 사람은 나보다 남을 낮게 여길 줄 아는 사람입니다. 낮은 자의 마음으로 남을 섬길 줄 아는 사람입니다.

형제를 사랑하여 서로 우애하고 존경하기를 서로 먼저 하며

롬 12:10

'존경한다'는 것은 그 사람의 입장과 관심을 존중해 주는 것을 의미합니다. 아무리 그 사람이 어려도, 지위가 낮아도 그 사람을

존중해 줘야 귀한 복음을 전할 수 있습니다.

내가 갈보리교회에서 사역할 때, 김광신 목사님의 요청으로 은혜한인교회의 부흥집회에 강사로 참여한 적이 있습니다. 잠을 자기 위해 호텔로 이동하는데 김광신 목사님이 내 가방을 들고 직접 나르는 겁니다. 내가 깜짝 놀라서 "목사님 왜 이러세요?" 하니까 그분이 "우리 교회 성도들이 은혜받게 하려고 그러는 걸세" 했습니다. 강단에 섰을 때도 김 목사님은 "한기홍 목사님은 설교를 제일 잘하는 목사님입니다. 능력이 제일 많은 목사님입니다"라고 소개해 주었습니다. 집회가 끝난 뒤에도 "여러 집회가 있었지만 이번 집회가 제일 좋았네" 하고 나를 뜨겁게 응원해 주었습니다. 나는 김광신 목사님께 훈련받은 그분의 제자입니다. 그런데 목사님은 자신을 한껏 낮추며 기꺼이 나를 높였습니다.

마음을 지키는 그리스도인은 이렇듯 하나님 앞에서도 낮아져야 하지만 사람들 앞에서도 낮아져야 합니다. 그리고 남을 섬기고 대접할 줄 알아야 합니다. 그럴 때 우리는 하나님의 복을 흘려보내는 통로가 될 수 있습니다.

대접하는 마음이 오병이어의 기적으로

갈보리교회에 처음 부임했을 때 샌디에이고의 바닷가가 너무 아름다워 해변에 나가기를 즐겼습니다. 녹색으로 출렁거리는 태평양을 바라보고 있으면 이역만리에 나가 고

생하는 선교사님들이 떠올랐습니다. 그러다 문득 그분들을 모셔 와 잘 대접하는 선교대회를 열고 싶다는 생각이 들었습니다.

그런데 당시 갈보리교회는 처음에 70명에서 150명으로 성도 수가 늘어났다지만, 300명가량의 선교사님들을 대접하기에는 역부족이었습니다. 예산도 터무니없이 부족했습니다.

그런데도 나는 주일예배 때 선교대회를 갖자고 공포해 버렸습니다. 우리가 마음을 다해 대접할 때 그것을 기뻐하시는 하나님이 부족한 부분을 채워 주실 줄로 믿었습니다.

그다음 주일, 어느 권사님이 나를 찾더니 쭈뼛쭈뼛 뭔가를 꺼내서 내 손에 쥐어 주었습니다. 자녀들이 여행 가라고, 맛있는 거 사 먹으라고 준 용돈을 모은 것이라면서 선교사님들의 한끼 식사라도 대접하고 싶다고 했습니다. 한 푼 두 푼 모은 귀한 돈을 내놓으신 것입니다.

그런데 이 권사님의 용돈은 오병이어가 되었습니다. 놀랍게도 그 후 장로님, 집사님들이 선교사님들의 한 끼 식사라도 대접하겠다고 쌈짓돈을 내놓아서 금방 필요한 예산을 웃돌게 채워졌습니다.

장로님들은 선교사님들을 인솔하여 샌디에이고 시월드를 구경시켜 드리고, 권사님과 집사님들은 교회의 조그만 부엌에서 300마리의 굴비를 구웠습니다. 그렇게 갈보리교회는 선교사님들을 지극정성으로 대접했습니다.

일주일의 선교대회가 끝난 뒤 어떤 선교사님은 "제 뼛속에 있는 피로까지 다 풀렸습니다. 갈보리교회는 앞으로 크게 복받을 것입니다"라고 축복했고, 어떤 선교사님은 "수넴 여인은 한 사람의 주의 종을 대접해서 큰 복을 받았는데 이 교회는 300명의 주의 종을 대접했으니 얼마나 큰 복을 받겠습니까" 하며 감사를 전했습니다.

선교사님들의 말대로 70명이 모이던 갈보리교회는 하나님의 복을 받아 그 후 7년 만에 주일학교 학생을 포함해 교인이 천 명이 넘는 교회로 성장했습니다. 재정도 차고 넘치게 채워 주셔서 후히 베풀고 나누는 교회가 되었습니다.

> 그러므로 무엇이든지 남에게 대접을 받고자 하는 대로 너희도
> 남을 대접하라 이것이 율법이요 선지자니라 마 7:12

대접하려면 인색하지 않게

선교하고 구제하고 전도하고 나누느라 예산을 다 써 버리는 것이 어리석은 것처럼 보일 수 있습니다. 손해이고 낭비라고 생각할 수 있습니다. 하지만 인간적인 계산을 하지 않고 하나님이 기뻐하시기 때문에 순종하면 하나님은 그보다 더 큰 것으로 갚아 주십니다. 이것이 하나님이 일하시는 방식입니다.

나눔에도 법칙이 있습니다.

첫째, 인색함 없이 나눠야 합니다. 하나님은 우리가 아까워하는 마음으로 나누는 것을 원치 않으십니다. 인색함 없이 선교하고 구제하고 전도하고 봉사할 때 하나님은 우리가 베푼 것보다 더 크게

갚아 주십니다.

둘째, 때를 놓치지 말고 나눠야 합니다. 기회가 왔을 때 선한 일을 미뤄선 안 됩니다. 인생을 살다 보면 재앙을 만날 때가 있고, 축복을 누릴 때가 있으며, 심판의 때가 있습니다. 그러면 나누는 때는 언제겠습니까? 바로 '지금'입니다. 하나님이 주신 감동을 느낄 때 부지런히 선교하고 부지런히 복음을 전하십시오. 하나님이 갚아 주십니다.

한 선교사님이 러시아에서 공부하는 아들에게 학비를 전하기 위해 모스크바에 갔습니다. 거기서 마침 동료 선교사님을 만났는데, 대화를 나누다 보니 그의 형편이 매우 어렵다는 걸 알게 되었습니다. 이분은 아들의 학비로 가져온 돈을 동료 선교사님에게 선뜻 주고 싶은 마음과, 아들에게 학비를 잘 전달해야 한다는 마음 사이에서 계속 갈등했습니다. 그러다 결국 학비를 꺼내 동료 선교사님에게 전하고 아들을 만나러 갔습니다.

"아들아, 너 군대 가야겠다. 할아버지도 갔고, 나도 갔으니 너도 군대에 갔다와라."

당시 목사님의 아들은 키르기스스탄 시민권자였기 때문에 굳이 한국 군대에 갈 필요가 없었습니다. 그럼에도 아들은 아버지의 말에 순종해 자원해서 입대했습니다.

그러자 놀라운 일이 일어났습니다. 한국의 언론이 '해외 자녀가 한국 군대에 자원입대 했다'고 대서특필한 것입니다. 더구나 이 아들이 러시아 말을 잘하는 것을 인정받아 러시아 통역관으로 발탁

되어 결국 통역장교가 되었습니다. 그리고 정부로부터 대학원 졸업까지 전액 장학금을 지원받았습니다.

이처럼 어려운 상황에서도 더 어려운 자에게 나누어 줄 때 하나님은 기뻐하시며 또한 갚아 주십니다.

너는 네 떡을 물 위에 던져라 여러 날 후에 도로 찾으리라

전 11:1

감동이 왔을 때 바로 나누십시오. 하나님께 쓰임 받는 일이 비록 먹을 것을 물 위에 던지는 것 같을지라도 순종하면 하나님이 책임져 주십니다.

6

주인의식으로
교회를 섬긴다는 것

여호와 우리 하나님의 집을 위하여 내가 너를 위하여 복을 구하

리로다 시 122:9

교회를 섬길 때 주인의식을 가지고 섬기는 사람과 손님의식을
가지고 섬기는 사람은 신앙생활의 결과가 완전히 다릅니다. 직장
에서도 주인의식을 가지고 일하는 사람과 종업원 의식을 가지고
일하는 사람의 나중이 다르다는 것을 우리는 잘 압니다.

이민자들도 마찬가지입니다. 남가주에만 100여 개의 다양한 민
족이 더불어 살고 있습니다. '단지 나는 이방인이다'라는 생각으로

살면 이곳에 이민 온 100여 개 민족 중 하나로 살 뿐입니다. 그러나 '한국인의 뿌리를 가진 미국인이다'라는 생각으로 살면 그곳이 설령 타국이라 해도 지도자적 위상을 갖게 됩니다.

선교사님들도 마찬가지입니다. 낯선 땅이지만 그곳 사람으로서 주인의식을 가지고 선교하고 섬길 때 선교의 열매가 큽니다.

손님의식을 가지고 구경꾼처럼 신앙생활을 하면 전혀 변화가 일어날 수 없습니다. 예수를 믿고 구원받은 하나님의 자녀들은 교회의 주인입니다. 주인의식을 가지고 교회를 섬기는 사람은 하나님께서 교회를 통해 부어 주실 엄청난 은혜와 축복을 받아 누리는 사람입니다.

'저는 지금까지 손님처럼 신앙생활을 했습니다' 하는 사람은 지금부터 교회의 주인으로 사시기 바랍니다. 교회와 성도를 섬기십시오. 의식이 바뀌면 그때부터 놀라운 변화가 일어납니다.

그렇다면 과연 주인의식은 무엇입니까? 어떻게 해야 주인의식을 가진 사람으로 사는 겁니까?

주인의식은 책임의식이다

> 삯꾼은 목자가 아니요 양도 제 양이 아니라 이리가 오는 것을
> 보면 양을 버리고 달아나나니 이리가 양을 물어 가고 또 헤치느
> 니라 달아나는 것은 그가 삯꾼인 까닭에 양을 돌보지 아니함이

이리가 나타나서 양 떼를 해치려 할 때 삯꾼은 달아납니다. 책임감이 없기 때문입니다. 그런데 선한 목자는 달아나지 않습니다. 양들의 주인이기 때문에 생명을 걸고 양들을 보호합니다.

교회를 생각하면 마음에 부담감이 생기고, 어려운 성도들을 보면 안타까운 마음이 드는 것은 주인의식을 가졌기 때문입니다.

삯꾼은 양 한 마리 잃어버린다고 마음 아파하지 않습니다. 그러나 선한 목자는 애가 타고 고통스럽습니다. 잃어버린 양에 대해 책임감을 느끼기 때문입니다. 이것이 주인의식입니다.

목사인 나도 우리 교회 성도 중 교회를 떠나는 사람이 있으면 너무나 괴롭고 고통스럽습니다. 수많은 사람 중에 하나인데 어떠랴 하겠지만 절대로 그렇지 않습니다.

우리 교회 성전을 건축했을 때입니다. 위기 상황이 닥쳐서 도무지 앞이 보이지 않는 캄캄한 미로를 걷는 것 같을 때 하나님이 40일 금식기도를 시키셨습니다. 그래서 성도들에게 중보를 부탁하자, 교역자와 장로님들 중 20명이 40일 금식기도를 같이하겠다고 나섰습니다. 집사님들 중에는 한 끼 또는 하루를 금식하겠다고 나섰습니다. 모든 성도가 주인의식을 가지고 금식에 동참한 것입니다. 낯선 땅에서 힘겹게 선교하는 선교사님들도 본 교회를 위해 기도하고 오병이어 같은 헌금을 보내 주셨습니다. 참으로 감동적이고 감사했습니다.

교회를 주인으로 섬기는 사람은 행복한 사람입니다.

사울이라는 청년이 교회에 왔을 때 아무도 그를 환영하지 않았습니다. 그는 교회를 박해하던 사람이기 때문입니다. 이때 바나바가 교회와 사도들에게 그를 소개해 주고 변호해 주며 그를 돌봐 주었습니다. 안디옥교회를 섬길 때는 다소 지방까지 가서 사울을 데려와 함께 목회를 했습니다.

'바울'이 위대한 선교사가 되었지만 바나바가 없었다면 '사도 바울'은 절대로 탄생할 수 없었을 것입니다. 바나바가 주인의식을 가지고 교회를 섬겼기 때문에 사울을 위대한 선교사로 세울 수 있었던 것입니다.

한 사람이 성도를 열심히 십자가 앞으로 데려오면 다른 사람은 이상한 십자가로 두들겨 패서 내쫓아 버립니다. 주인의식을 갖지 않으면 한 사람의 생명이 얼마나 귀한 줄 모르기 때문입니다.

주인의식은 희생의식이다

선한 목자는 양 떼를 위해 자기를 희생합니다. 주인의식을 가진 성도는 교회를 위해서, 주님의 일을 위해서, 하나님의 영광을 위해서, 복음을 위해서 희생할 수 있습니다. 그것을 기쁨으로 여길 수 있고, 감사하게 여길 수 있습니다. 교회의 주인이라고 생각한다면 스스로를 희생해서라도 교회와 성도들을 보호할 수 있어야 합니다.

주인의식은 주인 행세가 아니다

주인의식은 내가 주인이 된 심정을 가지고 섬기는 것을 말합니다. 반면에 주인 행세는 주인이 아니면서 군림하는 자세를 말합니다. 우리는 섬기는 자들입니다. 주님이 주신 귀한 직분을 겸손하게 잘 감당하는 사람들입니다. 그럴 때 교회 안에 모인 모든 성도가 행복한 신앙생활을 할 수 있습니다.

4부

하나님은 우리 상식을
초월하십니다

기도할 때 주시는
아름다운 선물

1
기도는 내 힘으로
하는 게 아니다

신학교에 입학하고 얼마 안 됐을 때만 해도 나는 날마다 말씀을 공부하고 조직신학을 공부하는 것이 기뻤습니다. 말씀 가운데 깨달음을 주시니 너무나 감사했습니다.

그런데 신학 공부를 1년쯤 했을 때부터 처음의 그 감동이 점차 희석되는 것을 느꼈습니다. 하나님을 아는 지식은 늘어 가는데 하나님을 느끼는 영적 민감성은 무뎌졌습니다.

기도할 때도 예전처럼 그렇게 전심을 다하지 않았습니다. 때때로 하나님과 약속한 기도의 양을 채우느라 억지로 기도하기도 했습니다.

은혜한인교회에서 전도사로 사역하던 어느 날이었습니다. 하나님이 '40일 금식기도를 하라'는 마음을 주셨습니다. 처음에는 자신이 없어서 어떻게든 피하고 싶었습니다. 하지만 하나님은 그 관문을 통과하도록 이끄셨습니다.

하나님은 가끔 우리에게 40일 금식기도를 시키시는데, 이유는 첫째, 하나님이 영광을 받으시기 위해서, 둘째, 마음이 완고한 사람들의 고집을 꺾기 위해서입니다.

40일 금식기도는 자기 의지로 하면 반도 넘기지 못하고 포기하게 됩니다. 어떤 사람은 피를 토하기도 하고, 심지어 목숨을 잃기도 합니다. 하나님 손에 내 생명을 완전히 맡기고 나아가는 믿음의 행위가 바로 40일 금식기도입니다. 쉽게 도전해선 안 되는 것입니다.

나는 금식기도를 시작하기 전에 하나님께 이렇게 기도했습니다.

"하나님, 금식기도를 하다가 생명을 잃게 되면 천국에 가는 것이고, 생명을 보존시켜 주시면 오직 복음 전도자로 살겠습니다."

그리고 전 교인이 40일 금식기도에 들어가는 나를 위해 중보해 주었습니다. 지금 생각하니 그들의 중보가 있었기에 40일 금식기도를 무사히 마칠 수 있었구나 싶습니다.

3일 만에 찾아온 고통

40일 금식기도를 시작한 지 3일쯤 지났

을 때였습니다. 집사님들 몇 분이 나를 위해 기도해 준다고 기도원으로 왔습니다. 그런데 그들이 돌아간 직후 나는 죽음과 같은 고통을 느끼며 거의 실신 상태가 되어 버렸습니다.

금식기도를 시작한 지 겨우 3일 만에 죽을 것 같은 고통 가운데 빠지자 앞으로 남은 시간을 어떻게 하나 싶어 마음이 몹시 낙심되었습니다.

'더구나 주일예배 때 전 교인의 중보기도까지 받고 기도원에 들어오지 않았는가. 이대로 들것에 실려 내려간다면 이보다 더 큰 망신이 어딨겠는가.'

고통 중에도 나는 하나님을 찾으며 통곡했습니다. 그런데 어느 순간, 낮에 찾아온 집사님들과 나눈 이야기가 파노라마처럼 지나갔습니다.

"40일 금식기도를 잘 넘기실 수 있도록 저희들 모두가 기도하고 있습니다."

그때 나는 이렇게 말했습니다.

"집사님, 감사합니다. 근데 사실은 제가 이번 40일 금식기도를 위해 오랫동안 준비해 왔습니다. 한 달 동안 식사를 하루 한 끼로 줄였고, 여기 들어오기 바로 전에는 주스 몇 잔과 빵 한 조각으로 하루 식사를 대신했습니다. 40일 동안 금식하는 데 아무런 문제가 없을 겁니다. 계속 기도 부탁드립니다."

아차 싶었습니다. 나는 내 힘으로 40일 금식기도를 할 수 있을 것처럼 으스댔던 것입니다.

기도 중에 내가 겪은 고통은 성령님의 준엄한 질책이었습니다. 그 사실을 깨닫자마자 나는 쓰러져 하나님 앞에 통회하고 자복하는 회개의 기도를 올렸습니다.

"하나님, 잘못했습니다. 지금이라도 이렇게 깨닫게 해 주시니 감사합니다. 제 생명을 주님 앞에 드립니다. 주님께서 친히 40일 금식 기도를 이루어 주십시오. 모든 영광을 하나님께 돌립니다."

오장육부가 뒤집어지는 듯한 고통 가운데 배를 움켜잡고 이렇게 통곡하는 내게 하나님은 십자가를 지신 예수님의 모습을 환상으로 보여 주셨습니다.

예수님은 이마에 씌운 가시 면류관으로 인해 피가 얼굴과 머리를 덮었고, 온몸이 채찍질로 찢긴 채 십자가를 지고 골고다 언덕을 힘겹게 오르고 계셨습니다. 그러자 온몸을 사로잡고 있던 고통이 한순간에 사라지고 하늘로부터 평강이 임했습니다. 그날 이후 나는 배고픔도 별로 느끼지 않고 40일 금식기도를 마칠 수 있었습니다. 하나님이 친히 이끄신 것입니다.

그뿐만 아니라 말씀을 읽으면 머리에 새겨지듯이 말씀이 암기됐습니다. 그래서 지금도 눈을 감고 묵상을 하면 마치 하나님이 성경책을 펴놓고 관련된 말씀을 읽어 내려가는 것처럼 확실히 기억하게 도와주십니다.

금식하며 기도한 40일 동안 성경을 세 번 통독했고, 통독한 후에는 요한계시록을 집중적으로 기도하며 연구했습니다. 성령님의 도우심으로 요한계시록에 숨겨진 천국의 비밀, 예수 그리스도의 비밀을 깨달을 수 있었습니다.

기도는 하루에 5시간씩 했습니다. 오전에 2시간, 오후에 3시간씩 기도했습니다. 하지만 어떤 날은 하루 종일 성령님께 붙들려 기도만 했습니다.

이렇게 40일을 지내는 동안 성령님은 그때까지도 부서지지 않던 나의 자아를 깨뜨려 제거해 주셨습니다. 그리고 순교자적 영성을 물려받는 축복을 허락해 주셨습니다.

40일 금식기도를 마치고 기도원에서 내려가려는데 성령님은 100일 더 기도할 것을 명령하셨습니다. 마음 같아서는 빨리 교회로 내려가 하나님의 일을 하고 싶었으나 성령님의 명령에 따라 다시 100일을 머물며 밤마다 산에 올라 산기도를 드렸습니다.

이 100일 동안 하나님은 당신이 주신 은사를 하나님의 영광과 교회에 덕을 끼치는 일에만 사용해야 할 것을 깨닫게 해 주셨습니다. 그리고 내가 앞으로 추구해야 할 삶의 방향을 알게 하셨습니다. 그 첫째는 겸손을 실천하는 삶입니다. 하나님이 없으면 한 순간도 살 수 없다는 자세로 철저히 주를 의지하는 삶입니다. 둘째는 말씀에 순종하는 삶입니다. 하나님의 말씀이면 환경과 상관없이 무조건 순종한다는 것이었습니다. 처음 전도사 임명을 받고 사역을 시작할 때, 목사 안수를 받으면서 각오하던 때처럼 초심을 잃지 않는 마음으로 목회를 하고 있습니다.

금식 후 하나님의 테스트를 통과하다

금식기도를 하던 중에 내 마음에 "천 달러를 기도원에 헌금하라"는 감동을 받았습니다. 당시 나는 비상시를 위해 가방 깊숙이 현금 천 달러를 보관하고 있었는데, 그것을 헌금으로 내놓으라는 것이었습니다.

사실 그 돈은 내 전 재산이기도 했기에 어쩌면 이것은 성령님의 음성이 아니라 사탄의 꾐일 수도 있겠다 싶어 몇 번을 "예수의 이름으로 사탄아 물러가라!"를 외쳤습니다.

하지만 그것은 어김없는 성령님의 음성이었습니다. 피할 방법이 없었습니다.

다음 날, 기도원을 다시 찾아 눈물로 천 달러를 헌금했습니다. 기도원 원장 목사님도 그 돈이 내게 어떤 의미인지를 알기에 눈물로 축복기도를 해 주었습니다.

그런데 막상 헌금을 드리고 나자 마음이 그렇게 홀가분하고 평화로울 수가 없었습니다. 왜 그렇게 아까워 붙잡고 있었을까 싶어 나 자신이 안쓰러울 지경이었습니다.

며칠 후, 김광신 목사님이 사무실로 나를 불러 "한기홍 전도사, 40일 금식 후 좀 어떤가? 장기 금식 후에는 보식을 잘해야 하는데…" 하며 기도를 해 주더니 봉투를 내밀었습니다.

"지난 주 새너제이에서 집회를 인도했는데 그 교회에서 사례비를 주지 뭔가. 나는 받기 부담이 돼서 다시 돌려줬는데 내가 모르는 사이에 가방에 넣었던 모양이네. 자네가 필요한 데가 있을 테니 가져가시게."

목사님이 건넨 봉투에는 내가 기도원에 헌금한 돈과 똑같은 액수인 천 달러가 들어 있었습니다.

2

기도하고
있는가

당신은 지금 신앙생활이 행복합니까? 행복하지 않다면 그 이유가 무엇이라고 생각합니까? 혹시 기도할 필요를 느끼지 못하고 있지는 않습니까?

기도의 필요성을 느끼지 못하는 사람은 절대로 행복한 신앙생활을 할 수가 없습니다. 성령으로 거듭나지 못했거나 아니면 하나님과의 관계가 제대로 확립되지 않았기 때문입니다. 성령으로 거듭나면 누구든지 기도하고 싶어 합니다.

기도는 '반드시 해야 한다'고 생각하는 사람은 은혜받은 사람입니다. 이런 사람은 어려움이 닥치면 더 열심히 기도합니다. 어떤 사람은 목표를 정해 놓고 기도하기도 합니다.

한편, '기도밖에 없다'는 기도의 절대성을 믿는 사람은 마음껏 행복감을 누릴 수 있습니다. 이런 사람은 어려움이 닥치든 그렇지 않든 항상 기도합니다. 기도가 습관이 된 사람입니다. 하나님과 깊고도 친밀한 교제를 하는 사람입니다.

> 너는 내게 부르짖으라 내가 네게 응답하겠고 네가 알지 못하는 크고 은밀한 일을 네게 보이리라 렘 33:3

기도는 영적 호흡입니다. 그만큼 기도는 중요합니다. 우리가 기도할 때 하나님은 크고 놀라운 하늘의 비밀을 알려 주시고 우리의 일을 도우시며 우리가 이 땅에서 하나님의 뜻을 이루며 살아갈 수 있도록 인도하십니다. 기도하는 사람은 행복할 수밖에 없습니다.

그런데도 우리는 왜 기도하지 않을까요? 기도가 영적인 활동이기 때문입니다. 악한 영들이 우리가 기도하는 것을 끊임없이 방해하기 때문입니다.

기도로 정면승부하라

무디(D. L. Moody)는 "이 세상에서 가장 힘든 것이 기도이지만 기도하는 사람들을 통해서 이 세상은 움직이고 하나님의 역사가 일어난다"고 말했습니다.

하나님께 매달려 기도할 수 있는 은혜를 받은 사람은 반드시 하나님의 역사를 체험하게 됩니다.

인생을 살다 보면 내 힘으로는 어쩌지 못하는 일들을 만납니다. 고통스럽고 힘이 듭니다. 도대체 왜 이런 일들이 생기는 겁니까?

그것은 '기도하라'는 하나님의 신호입니다. 기도를 통해 고통스럽고 힘든 일을 이겨 낼 때 우리는 내가 한 일이 아니라 하나님께서 한 일임을 알게 됩니다. 하나님의 역사를 체험하는 것입니다.

2011년 추수감사절에 김광신 목사님이 신장이식수술을 위해 대만으로 갔습니다. 목사님은 공항으로 출발하면서 내게 전화해 "기도해 달라"고 부탁했습니다. 70세가 넘은 고령의 나이에 그토록 힘든 수술을 받아야 했으니, 많이 걱정되어 전 교인이 합심하여 간절히 기도했습니다.

"하나님, 김광신 목사님이 지금까지 세계 선교를 위해 몸이 닳도록 헌신하신 것을 아시지 않습니까? 하나님 앞에서 믿음으로 살기 위해 헌신한 목사님을 기억하시어 부디 신장이식수술에 성공하고 건강한 모습으로 내년 세계선교대회에 참석할 수 있도록 하옵소서."

감사하게도 김광신 목사님은 수술을 성공적으로 마치고 다음해 세계 선교대회에 건강한 모습으로 참석했습니다.

이렇듯 기도는 하나님의 능력이 우리를 통해 나타나는 축복의 통로입니다.

여호와께서 빈궁한 자의 기도를 돌아보시며 그들의 기도를 멸
시하지 아니하셨도다 시 102:17

기도가 능력이다

인생 여정도 그렇듯이 목회도 '업앤다
운'(up and down)을 반복하게 됩니다. 올라갈 때가 있으면 내려갈
때도 있습니다. 내리막길에 있다고 느낄 때가 바로 기도해야 할
때입니다. 기도로 정면 승부해야 할 때입니다.

기도는 영적 회복을 위한 효과적인 치료약입니다. 그리스도인
들은 기도할 때 문제가 해결되고 병이 낫는 경험을 하게 됩니다.

돌이켜 보면 나의 '행복한 목회' 여정에도 위험천만한 지뢰밭이
많았습니다. 잠시만 한눈팔아도 지뢰가 터져서 아수라장이 될 수
있는 순간들이었습니다. 다행히 그것이 지뢰밭인 줄도 모르고 지
나온 것은 전적인 하나님의 은혜입니다. 기도가 확실한 방패가 되
었습니다.

그러므로 내가 너희에게 말하노니 무엇이든지 기도하고 구하는
것은 받은 줄로 믿으라 그리하면 너희에게 그대로 되리라 막 11:24

기도할 때, 하나님을 '아버지'라고 부르면서도 염려하는 사람들
은 차라리 하나님을 '아저씨'라고 불러야 할 것입니다. 하나님은

그를 '아바 아버지'라 부르는 자녀들에게 '응답해 주겠다' 하셨고 '예수 이름으로 구하는 모든 것을 시행하리라'고 약속하셨습니다. 그러므로 염려하지 말고 기도하십시오.

살다 보면 어려운 일도 만나고 고통스런 일도 만나지만 기도하는 사람은 염려하지 않습니다. 기도하는 사람에게는 위대한 간증이 있기 때문입니다.

우리가 뭔가 큰일을 하려고 할 때마다 장애물이 놓이는 것을 봅니다. 이때 염려하여 포기하면 큰일을 할 수가 없습니다. 그러나 아무리 큰 장애물이라도 담대하게 하나님의 약속을 붙들고 믿음으로 기도하는 사람에게는 하나님의 위대한 역사가 일어납니다.

> 아무것도 염려하지 말고 다만 모든 일에 기도와 간구로, 너희 구할 것을 감사함으로 하나님께 아뢰라 빌 4:6

염려를 10시간, 100시간 해도 아무런 유익이 없습니다. 그 시간에 단 10분이라도 기도하면 하나님께서 평강으로 지켜 주십니다. 하나님이 놀라운 역사로 응답해 주십니다.

사방이 가로막혀도 염려하지 않고 하나님께 기도하는 이유는, 하나님이 그 상황과 환경을 다 아시기 때문입니다. 그리스도인의 가장 큰 축복은 하나님이 우리를 아시는 것이고 우리가 하나님을 아는 것입니다. 그래서 그리스도인은 어떤 환경에 처할지라도 염려하는 대신 기도할 수 있습니다.

하나님은 전지전능하십니다. 우리가 염려하는 모든 것을 아십니다. 하나님은 어떤 문제도 해결할 수 있는 능력이 있으십니다. 능치 못하심이 없는 하나님을 바라보면 염려하지 않고 기도할 수 있습니다.

교회 건물이 아무리 크고 화려한들, 아무리 수만 명이 모인들, 바람만 불면 날아가 버리는 연약한 신앙을 가진 성도들로 가득하다면, 그 화려하고 큰 건물이 무슨 소용입니까?

기도하는 백성이 가득 찰 때 교회는 믿음의 용장들의 성전이 됩니다. 끊임없는 기도로 영적 전투를 경험한 용사들만이 교회를 교회답게 할 수 있습니다.

3

하나님이 시작하시면
하나님이 이루신다

　　　　2004년 갈보리교회에서의 12년간의 사역을 마치고, 감사하게도 신앙의 고향과도 같은 은혜한인교회 2대 담임목사로 사역하게 되었습니다.

　1982년에 김광신 목사님이 남가주 플러톤에 개척한 은혜한인교회는 하나님의 축복으로 미국에서 가장 아름다운 교회로 유명합니다. 아름다운 꽃과 나무들로 조성된 정원과 부속 건물 등 어느 한 구석 흠잡을 데가 없습니다.

　그 아름다움은 비단 외관뿐만이 아닙니다. 은혜한인교회는 하나님이 세계 선교를 위해 미국 땅에 한인 디아스포라 교회로 세워 주신 곳으로, 말씀에 귀 기울이고 선교에 헌신하는 교회입니다.

'선교는 기도, 선교는 전쟁, 선교는 순교'라는 교회의 모토가 잘 설명해 주듯이 창립 초기부터 교회 재정의 절반 이상을 선교비로 보낼 만큼 선교를 위해 헌신된 교회입니다. 그렇다 보니 교회의 재정은 늘 넉넉지 못했고 당연히 자체 건물은 생각도 못했습니다.

교인 수가 2천 명 가까이 되었을 때도 은혜한인교회는 폐교된 고등학교 건물을 빌리거나 미국 교회의 한쪽을 세 들어 예배드렸습니다. 심지어 예배 장소가 없어서 공원에서 예배를 드리기도 했습니다.

그럼에도 누구 하나 불평하거나 불편을 호소하지 않았습니다. '우리는 하나님이 기뻐하시는 선교를 한다'는 자부심 때문에 그랬습니다.

그런 우리에게 하나님은 어떤 곳보다 아름다운 성전을 선물로 주셨습니다. 정말이지 은혜한인교회의 '미러클센터'와 '비전센터'는 하나님의 놀라운 선물이었습니다.

비전센터를 선물로 주겠다

비전센터의 건축은 우리의 힘과 계획으로는 불가능한 일이었습니다. 전혀 계산이 안 되는 일이었기 때문입니다. 하나님께서 약속하신 건축이었기에 순종함으로 시작했지만, 서브프라임 모기지 사태 등으로 미국 경제가 어려움에 빠지면서 건축도 위기를 맞았습니다. 이런 상황에서 우리 힘으로는 도저히 선교를 하면서 동시에 성전 건축을 하는 것이 불가능해 보였습니다.

하지만 그럴 때마다 나는 하나님의 분명한 약속을 기억했습니다. 2006년 천시간 릴레이 기도 운동이 끝나고 9월의 마지막 금요일 새벽기도 시간이었습니다. 주님께서 "비전센터를 선물로 주겠다"는 감동을 주셨습니다.

"주님 부족한 종에게 어찌 이런 큰 선물을 주십니까?"

"이것뿐이겠느냐? 이것이 내게는 지극히 작은 것이다. 너는 믿음으로 나를 따르라."

눈물의 감격과 함께 태산 같은 믿음이 생기기 시작했습니다. 눈을 뜨고 현실을 보면 너무도 황당한 일이었지만 우리는 그 약속만 믿고 기도하며 나아가기로 했습니다.

그러던 중 교회에도 재정난이 왔습니다. 우리 교회 재정 시스템은 매주 선교 계좌로 일정액이 인출되는 구조입니다. 재정이 바닥나 건축이 중단될 위기에 있는데 선교비는 어김없이 빠져나가니, 어느 순간 그것이 먹음 직한 선악과처럼 보였습니다.

그러나 나는 강단에서 이렇게 선포했습니다.

"건축하다가 건축이 중단되더라도 선교는 계속합니다."

선교비를 선교지에 보내고 우리는 릴레이로 금식하며 작정기도에 들어갔습니다. 기도하고 또 기도하고, 철야하고 금식하고 통곡하면서 기도했습니다.

그러자 사람의 힘으로는 도저히 이룰 수 없는 일들이 일어났습니다. 경제가 어려운 상황에서도 성도들의 마음이 오병이어처럼 드려지기 시작했습니다. 넉넉하지 않은 선교비로 사역을 감당하고 있던 선교지에서도 하나님의 전을 위하여 헌금해 주었습니다.

전 교인이 하나님의 약속을 붙들고 기도하자 큰 산처럼 도무지 넘을 수 없을 것 같았던 문제들이 하나씩 해결되기 시작하더니, 마침내 입당하여 하나님께 봉헌할 수 있게 되었습니다.

은혜한인교회의 건축 이야기는 우리의 '기도 간증'입니다. 건축을 위해 들어간 벽돌 수보다 기도로 채운 시간들이 훨씬 더 많은 성전입니다.

상식을 초월하는 하나님의 뜻

성전 건축의 모든 과정이 하나님께서 하신 일이라는 게 분명한 것은, 당회에서 성전 건축을 발표했을 때 당회원 누구도 반대하는 사람이 없었다는 것입니다.

그러나 어느 교회든 건축을 앞두고는 의견 대립이 있을 수 있습니다. 이때 담임목사는 어느 쪽이라도 묵살하거나 소홀히 대해서는 안 됩니다. 그러면 건축하는 중에 교회가 영적으로 갈라지고 무너져 버릴 수 있기 때문입니다.

교회는 절대로 건물이 우선일 수 없습니다. 너무나 잘 알고 있는 진리지만 때로 교회 건축에 너무 깊이 몰입하다 보면 콘크리트와 철근 가격은 잘 알게 되었는데, 성도들을 잃어버린 양처럼 방치할 수 있습니다. 매우 위험한 일입니다.

교회 건축을 한다고 하면 어떤 성도는 "앞으로 많이 힘들겠습니다" 하며 걱정해 주는가 하면, "교회 건축 관계로 시험 드느니 잠시 교회를 떠났다가 완공되면 다시 돌아오겠습니다" 하면서 교회를 떠나는 성도도 있습니다.

그렇기 때문에 목사는 먼저 교회를 건축하는 분명한 목적을 제시하고 비전을 설계해야 합니다. 물론 이것은 하나님이 주신 비전이어야 합니다. 그리고 담임목사 한 사람의 비전이 아니라 모든 교회의 성도가 공유하는 비전이어야 합니다.

만일 비전센터 건축이 하나님이 시키신 일이 아니라 나 개인의 의지와 뜻에 의한 것이었다면 절대로 성공할 수 없었을 것입니다. 교회는 이미 상당한 액수의 은행 빚을 지고 있었기에 아무리 믿음으로 밀어붙인다 해도 상황이 여의치 않았습니다. 그런데도 기도할 때마다 하나님은 '건축을 시작하라'는 마음을 주셨습니다.

건축이 진행되는 과정에서도 여러 차례 벼랑 끝에 몰리는 위기를 겪어야 했습니다. 하지만 우리는 절대로 마음의 평강을 잃지 않았습니다. 왜냐하면 이 일은 하나님이 시작하신 일이기 때문입니다. 하나님이 시작하셨으니 하나님이 일하시고 이루실 것이기 때문입니다.

자금이 대대적으로 들어가는 주요 골격 공사를 거의 마칠 즈음에 미국 전체에 불경기가 불어닥쳐 경기가 침체되고 많은 사람들이 실직되는 초유의 상황이 벌어졌습니다.

그제야 나는 하나님이 왜 그렇게 서둘러서 건축을 시작하셨는지 이해할 수 있었습니다. 그렇게 하지 않았다면 건축은 시작조차 할 수 없었을 것이기 때문입니다. 미국 전체를 강타한 불경기에 어느 누가 큰돈 들이는 일에 뜻을 모을 수 있겠습니까. 우리는 이 시기를 지나며 이 모든 일이 하나님에 의해 시작되었음을 분명히 알게 되었습니다.

우리는 대지 3만 5천 평에 2천 5백 명이 예배드릴 수 있는 대예배실과 2천여 명이 함께 식사할 수 있는 친교실, 교육관과 체육관, 선교센터, 그리고 24시간 기도하는 '은혜세계기도센터'를 하나님께 선물로 받았습니다. 떠돌이 생활을 하던 교회로서는 상상도 못한 성전이었습니다. 이것은 전적인 하나님의 은혜였습니다. 그것 말고는 다른 어떤 것으로도 설명할 수 없습니다.

4

희생과 헌신 위에
피는 꽃

그동안 목회를 하며 한 가지 확실하게 깨달은 것이 있다면 그것은 하나님의 축복은 '희생과 헌신이라는 토양'에서 아름답게 꽃을 피운다는 사실입니다.

하나님이 "비전센터를 선물로 주겠다" 하셨을 때 나는 순간 '우리가 무슨 잘한 일이 있어서 이런 선물을 받게 된 걸까' 하고 생각했습니다. 그때 하나님은 지난 20여 년간 어떤 희생도 감수하면서 선교에 전념해 온 은혜한인교회의 모습을 환상으로 보여 주셨습니다.

은혜한인교회는 개척 초기부터 특별한 성령의 기름 부으심이 있었습니다. 날마다 병 고침의 은사가 나타났고, 불신자들조차도 교회 문턱에 들어서다가 하나님의 임재를 느끼고 고꾸라지는 놀라운 역사가 꼬리를 물고 일어났습니다.

그런 은혜한인교회가 목숨을 걸고 사역한 것은 '세계 선교'였습니다. 선교지에 필요한 재정을 절대 거르는 법이 없었으므로 본의 아니게 교역자들의 사례비를 거르는 일도 왕왕 일어났습니다. 그러나 누구 하나 불평하지 않았습니다. 오히려 금식기도하며 하나님의 은혜를 바라고 또 바랐습니다.

마땅한 예배당이 없이 여기저기 떠돌아야 했던 이유도 선교지에 교회와 신학교를 세우기 위한 재정 마련 때문이었습니다. 세계 선교를 향한 우리의 헌신은 그야말로 절대적이었습니다. 그리고 이 희생과 헌신은 은혜한인교회의 정신이 되었습니다.

자녀의 축복을 많이 받은 가정을 방문해 보면, 부모가 자녀의 영적, 육적 건강을 위해 헌신하고 희생한 것을 봅니다. 물질적으로 큰 축복을 받은 성도들의 경우도, 모두가 그런 것은 아니지만, 하나님을 위해 작은 것이라도 아낌없이 헌신한 간증이 있는 것을 봅니다.

과부의 두 렙돈

보내는 선교사로서 선교지를 위해 재정적 후원을 아낌없이 하는 집사님이 있습니다. 이 집사님에게 부어

진 물질적 축복에는 놀라운 간증이 있습니다.

매일 새벽기도를 하며 정성껏 교회를 섬기던 남편이 갑자기 심장마비로 세상을 떠났습니다. 집사님은 이제 막 육십을 넘긴 남편이 하루아침에 그렇게 하나님 곁으로 떠났다는 사실이 도무지 믿어지지 않았습니다. 하지만 천국에 가 있을 남편을 생각하면 슬픔에 빠져 있을 수만은 없었습니다. 그리고 그동안 예배며 기도회며 남편과 함께하지 못한 것이 미안했습니다. 집사님은 주저앉아 슬퍼하는 대신 '어떻게 해야 남편이, 그리고 남편과 나를 사랑하시는 하나님이 가장 기뻐할까?'를 생각하며 기도했습니다.

그러던 중에 후원을 해야겠다는 마음의 감동이 있었습니다. 생전에 남편은 의료기구상을 운영하며 의료선교에 정성을 다했습니다. 그가 마지막 남긴 의료용품들을 선교지에 후원한다면 그것이 하나님께서 가장 기뻐하실 일이 아닐까 생각했습니다.

그런데 후원을 진행하는 과정에서 관세가 문제가 되면서 생각보다 일이 순조롭게 진행되지 않자, 집사님은 이왕 드리는 것 아직 팔리지는 않았지만 팔릴 것을 믿고 그 값만큼의 후원금을 선교지에 보냈습니다. 그리고 의료품을 정리한 뒤에는 그 금액을 교회에 헌금했습니다.

그런데 이 일이 있은 후 집사님에게 놀라운 기회가 찾아왔습니다. 당장 생활이 막막하던 집사님에게 사업장을 운영할 기회가 온 것입니다. 지금 집사님은 50명 이상의 직원과 함께 하나님의 사업체를 운영하고 있습니다.

집사님은 그동안의 일들을 이렇게 고백합니다.

"남편이 없는 미국에서 별 재주도 없는 여인이 할 수 있는 일은 많지 않았습니다. 그러나 경험도, 재물도, 용기도, 자신감도 없는 제게 하나님은 놀라운 일을 예비하셨어요. 아무래도 과부의 두 렙돈을 하나님이 기뻐하셨나 봅니다."

스스로 '내 힘으로는 할 수 없는 일'이라는 생각이 들 때마다 집사님은 '그렇기 때문에 하나님께서 경영하실 사업체'라는 사실을 늘 깨닫게 된다고 합니다. 집사님은 살아생전에 남편이 그리도 쓰임 받기 원하던 선교 사역에 부족한 자신을 동역자로 불러 주신 하나님께 감사드리는 것도 잊지 않았습니다. 보내는 선교사로서 마지막 날까지 사명을 감당하는 것이 집사님의 평생 기도 제목입니다.

선물은 값없이 받는 것이다

선물을 받고 감사해서 돈을 지불하는 사람은 없습니다. 만일 그렇다면 그것은 진정한 의미의 선물이 아닙니다.

은혜한인교회는 비전센터를 하나님으로부터 선물로 받았습니다. 우리는 건축을 마칠 때까지 '건축헌금'에 마음을 모은 적이 없습니다. 오로지 건축을 위한 '중보기도'에 전념했습니다. 우리는 '100일 특별새벽기도', '365일 릴레이 기도', '3330시간 연속 기도',

'느헤미야 52일 특별새벽기도회' 등 비전센터 건축이 진행되는 동안 단 1분 1초도 기도의 줄을 놓지 않았습니다.

물론 건축이 진행되는 동안 여러 차례 재정적인 어려움이 있었습니다. 공사 마무리 단계에서는 자금 압박이 더욱 심해졌습니다. 경기 침체의 여파로 은행들이 대출 규정을 아주 까다롭게 한 까닭입니다.

이래저래 낙심되고 실망되는 일이 많았지만 우리는 그럴수록 더 뜨겁게 주님을 부르짖으며 기도했습니다. 마치 꿈의 직장에 취직하기 위해 최종 면접까지 힘겹고 떨리는 심정으로 달려와 마침내 취직에 성공하는 것처럼, 비전센터 건축 과정은 오랜 인내와 기다림이 필요했습니다.

그리고 마침내 하나님은 약속을 이루셨습니다. 우리에게 미국에서 가장 아름다운 교회를 선물로 주셨습니다.

5
기도가
미래다

많은 그리스도인들이 기도의 중요성과 필요성을 알고 있지만 실제로는 기도하지 않습니다. 왜 그럴까요?

기도가 우리 인간에게 무척 부자연스러운 행위이기 때문입니다. 다시 말해, 육신을 입은 우리가 영적인 행동을 하자니 부자연스러운 것입니다. 그래서 기도는 스스로를 쳐서 복종시켜야 할 수 있습니다. 매일 일정한 시간을 할애해서 최우선으로 기도하는 습관을 들여야 합니다.

행복한 목회를 원한다면 성도들이 기도하기를 쉬지 않도록 해야 합니다.

바른 기도를 배우라

한번은 기도원에서 집회를 인도하는데 뉴욕에서 왔다는 사람을 만났습니다. 그는 구원의 확신도 없고 몸이 아파서 기도원에 오래 머물며 은혜받으러 왔다고 했습니다. 그래서 내가 그에게 복음을 전하고 예수님을 영접하도록 기도해 주었습니다. 그날 그는 성령의 충만함을 받아 방언의 은사까지 받고 부르짖어 기도하게 되었습니다.

얼마 후 다시 기도원에 갔더니 그가 기도 시간이면 그냥 나가 버리고 기도해도 책상다리한 채 눈만 감고 있었습니다. '저 분이 병들었구나' 싶어 왜 그러냐고 물었더니 그의 대답이 이랬습니다.

"요즘 일본에서 오신 선교사님과 성경공부를 하고 있는데, 그분이 '하나님은 구하기 전에도 우리가 쓸 것을 다 아신다'고 하면서 그렇게 소리 질러 기도할 필요가 없다고 하셨어요."

과연 하나님이 우리의 필요를 잘 아시므로 기도하지 않아도 됩니까? 말씀을 모르면 이렇듯 잘못된 가르침에 속아 넘어갈 수 있습니다. 말씀의 바탕 위에 기도해야 바른 기도를 할 수 있습니다.

> 모든 기도와 간구를 하되 항상 성령 안에서 기도하고 이를 위하여 깨어 구하기를 항상 힘쓰며 여러 성도를 위하여 구하라 또 나를 위하여 구할 것은 내게 말씀을 주사 나로 입을 열어 복음의 비밀을 담대히 알리게 하옵소서 할 것이니 엡 6:18-19

기도하는 사람은 영적인 힘이 있어서 어떤 일이 맡겨져도 자신 있고 능력 있게 할 수 있습니다. 반면에 기도하지 않는 사람은 영적인 힘이 없어서 끝까지 충실할 수 없습니다. 기도하는 사람은 언제나 힘이 넘쳐서 목회자를 가만두지 않습니다.

"목사님, 지난해에 100일 기도했는데 올해는 안 합니까?"

"목사님, 이번에는 어디로 선교를 갑니까?"

성경은 성령 안에서 기도하기를 힘쓰라고 합니다. 그리고 항상 기도하라고 합니다. 성령 안에서 무시로 기도하는 것이 바른 가르침입니다.

영적 전쟁을 승리로 이끄는 무기, 기도

어떤 사람은 '은혜한인교회는 행사가 너무 많아서 늘 여유가 없다'고 말합니다. 그런데 우리 교회가 하는 행사는 대개 '기도 운동'과 관련된 것입니다. '52일 느헤미아 기도 운동', '3300시간 릴레이 기도', '100일 작정 새벽기도', '주빌리 구국기도회', '신년 특별 새벽기도회', '열방을 위한 기도회' 등 모든 행사의 주제는 '기도하자'입니다.

전쟁에서 승리하려면 무엇보다 적군의 동향을 잘 파악해야 합니다. 상대의 동태를 먼저 파악해서 대처한 진영이 결국 전쟁에서 승리하게 되는 것입니다. 영적 전쟁도 마찬가지입니다. 특별히 선교지는 치열한 영적 전쟁이 벌어지는 격전지입니다.

이러한 영적 전쟁을 대비하고 승리로 이끌 수 있는 방법은 기도 뿐입니다.

사탄은 이 시간에도 '영적 전쟁과 같은 것은 없다'고 믿게 해서 방심한 성도들을 쓰러뜨리고 있습니다. 여기에는 선교사, 목사도 예외가 아닙니다.

그러나 영적 전쟁은 눈에는 보이지 않지만 눈에 보이는 많은 것을 주관하는 사실상 신앙의 본질입니다. 따라서 영적 전쟁은 분명히 있으며 이 전쟁은 복음이 세상 끝까지 전해져 주님이 재림하시는 그날까지 계속될 것입니다. 우리는 한순간도 긴장의 끈을 놓지 말고 기도해야 합니다.

하루 24시간 뜨거운 기도의 용사들

기도는 우리 한 사람 한 사람을 움직이는 원동력일 뿐 아니라 교회가 주님의 몸으로서 건강하게 역할하도록 만드는 우리 몸의 혈액과 같은 것입니다.

한국은 서구와 비교할 때 그리 길지 않은 기독교 역사를 가지고 있지만, 그 짧은 기간 중에도 나름의 기독교 전통을 갖게 되었습니다. 특히 '새벽기도'와 '수요 저녁 기도회', '금요 철야기도회' 등은 어느 나라에서도 찾아보기 힘든 우리만의 전통이 되었습니다. 그리고 한국 교회는 세계에서 두 번째로 선교사를 많이 파송하고 있습니다.

이제 우리가 할 일은 선배들이 일군 귀한 전통을 계승하는 동시에 좀 더 성숙한 기독교 전통을 만드는 것입니다. 그 중심에는 기도로 정면승부 하는 신앙의 자세가 있어야 할 줄로 믿습니다.

은혜한인교회 사역의 중심에는 '은혜세계기도센터'(GWPC, Grace World Prayer Center)가 있습니다. 비전센터를 건축하면서 내 마음이 가장 설렌 것도 이 기도센터 때문입니다.

성전이 완공된 후 이 기도센터에서 하루 24시간 내내 쉬지 않고 기도의 불꽃이 타오르고 있습니다. 기도로 정면승부 하는 삶을 살기 위한 성도들이 이곳을 쉼 없이 찾고 있습니다.

전 세계 선교지에서 전해 오는 소식과 그들의 필요를 위한 중보기도 제목을 대형 현황판에 올리면 그를 위해 성도들이 기도합니다.

한편, 선교지를 위한 중보기도는 선교사들이 직접 들어갈 수 없는 선교지에 복음이 전파되게 하는 원격 조정 장치와 같은 일을 합니다. 그리고 선교지와 선교사를 위해 한 교회가 중보로 기도할 때, 선교지에서는 하나님의 기적들이 일어납니다.

중보기도는 21세기 선교를 효율적으로 이뤄 나가기 위한 가장 필요한 도구입니다. 그런 점에서 은혜세계기도센터야말로 '비전센터의 심장'입니다.

은혜세계기도센터는 1년 365일 24시간 열려 있습니다. 그리고 천 명의 '중보기도 용사'가 매일 매 시간 뜨겁게 기도하고 있습니다. 바람이 있다면, 앞으로 1만 명의 중보기도 용사가 나와 하나님을 기쁘시게 하는 것입니다. 그것이 하나님이 내게 맡긴 중차대한 사역 중 하나라고 생각합니다.

중보기도는 죽은 사람을 살리는 힘이 있습니다. 사탄의 모든 계략을 물리치는 능력이 있습니다. 강퍅했던 사람들의 마음을 변화시키는 놀라움이 있습니다. 모든 질병을 물리치고, 암 덩어리까지 사라지게 하는 치유의 힘이 있습니다.

비전센터는 기도의 불꽃이 한시도 꺼지지 않는 중보기도의 진원지가 될 것입니다.

다음세대의 희망은 기도하는 아이들로부터

얼마 전, 우리 교회에서 2세들을 위한 부흥집회인 '혁명 세대 세미나'가 열렸습니다. 부흥집회 하면 흔히 어른들의 모임으로 생각하는데, 놀랍게도 어린 학생들의 부흥집회는 어른들보다 더 뜨거웠습니다. 방언을 하고 예언을 하고 귀신들이 쫓겨 나가는 역사가 뜨겁게 일어난 것입니다.

이런 모습을 보면서 한인 교회의 장래는 무척 밝다고 생각했습니다. 더불어 다음세대에 희망을 발견했습니다.

비전센터는 이렇게 은혜 가운데 성장한 우리 2세들이 세계 선교를 본격적으로 마무리 짓는 현장으로 사용될 것입니다. 악한 세대를 살아가는 2세들을 위해 우리가 할 일은 더욱 열심히 그들을 중보하고 밀알이 되어 주는 것입니다.

5부

비전이 있으면
끝까지 갑니다

가는 곳마다
성령의 역사가 임하다

1
삶의 방향이
있어야 산다

열 살가량의 어떤 사내아이가 있었는데 다쳐서 걷지 못했습니다. 얼마나 안타깝습니까? 다행히 좋은 의사를 만나 몇 번의 수술 끝에 재활병원을 통해 계속 걷는 연습을 했고, 몇 달 뒤 서서히 걷기 시작하더니 마침내 뛸 수 있게 되었습니다. 의사들은 기적이라고 했습니다.

15년이 지난 후, 그 아이를 수술한 의사가 재활 훈련을 담당했던 간호사를 우연히 만나 "그 아이가 지금은 어엿한 청년이 되었겠군요. 지금 어떻게 살고 있습니까?" 하고 물었습니다. 그러자 간호사는 얼굴이 굳어지며 이렇게 말했습니다.

"그 아이는 지금 감옥에 있어요. 저는 그 아이에게 어떻게 걸어야 하는지는 가르쳤지만 어디를 향해 걸어가야 하는지는 가르치지 못했습니다."

현대인들은 어른 아이 할 것 없이 정말 열심히 살아갑니다. 새벽부터 밤늦도록 온 힘을 다합니다. 그런데 왜 이렇게 열심히 사느냐고 물으면 대부분이 마땅히 할 말을 찾지 못합니다.

간혹 무엇이 되고 싶다고 말할지도 모릅니다. 그런데 왜 그것이 되고 싶으냐고 물으면 역시 대답을 우물쭈물하게 됩니다.

이 사연이 우리에게 던지는 메시지가 무엇입니까? 바로 삶의 방향이 얼마나 중요한가 하는 것입니다. 하나님의 은혜를 받지 못한 사람은 삶의 방향을 올바르게 잡기 힘듭니다.

비전이 있으면 끝까지 간다

바울은 전도여행을 하는 중에 매를 맞아 죽을 뻔하기도 하고 감옥에 갇히기도 하고 유대인들에게 쫓기기도 하는 고난을 수없이 당했습니다. 그런데도 바울은 선교 보고를 하고 나면 다시 전도여행을 떠날 차비를 했습니다. 도대체 바울은 왜 그렇게 쉼 없이 고난이 예비된 곳을 향해 달려간 겁니까?

예수 그리스도의 종 바울은 사도로 부르심을 받아 하나님의 복음을 위하여 택정함을 입었으니 **롬 1:1**

바울에게는 '나는 복음 때문에 태어났고 복음을 전하기 위해 부르심을 받았다'는 비전이 있었습니다.

비전이 분명했던 바울은 사명을 생명보다 귀하게 여기며 사역에 모든 것을 걸었습니다. 비전이 분명한 사람은 어떤 것으로도 막을 수 없습니다. 푯대를 향해 달려가는 달음질을 막을 길이 없습니다.

어떤 노부부가 자녀들을 다 출가시킨 뒤 단 둘만 남자 매일 싸웠습니다. 어느 날 할머니가 요한복음을 읽다가 성령님이 주시는 감동을 받았습니다.

> 너희가 나를 택한 것이 아니요 내가 너희를 택하여 세웠나니 이
> 는 너희로 가서 열매를 맺게 하고 또 너희 열매가 항상 있게 하
> 여 내 이름으로 아버지께 무엇을 구하든지 다 받게 하려 함이라
> 요 15:16

'열매를 맺게 하려고 하나님이 우리를 부르셨다고?'

할머니는 이 말씀에 충격을 받았습니다. 열매를 맺기는커녕 허구한 날 영감과 싸우고 있으니 이게 뭐 하는 짓인가 싶었습니다. 그래서 이제 어떻게 할까 하는데, 마침 힘들게 사는 교인들이 눈에 들어왔습니다. 할머니는 교회에 왔으나 아직 정착하지 못한 사람들을 위해 안내도 해 주고 교회 식당에서 혼자 식사하는 사람들에게 말벗도 해 줘야겠다고 마음먹었습니다.

이후 남편과 함께 교회의 어려운 가정을 돕기 시작했고, 이것이 주변에 알려지면서 동참하는 사람들이 늘어났습니다. 비전이 생기자 할 일이 보이고 할 일을 하다 보니 부부간에 싸울 일도 없어졌습니다.

비전이 있어야 이렇듯 열매를 맺을 수 있습니다. 이 노부부에게 하나님은 물질도 주셨고 은사도 주셨고 능력도 주셨으나 서로 싸우기만 했습니다. 그러나 비전이 생기자 하나님이 주신 모든 것을 가지고 열매를 맺게 된 것입니다.

비전이 없으면 가진 것이 많아도 허송세월을 하게 됩니다.

그러므로 비전이 있다면 그것이 축복입니다.

어느 교회가 성전 건축을 하면서 너무 힘이 들었던 모양입니다. 목사님이 "여러분, 그동안 너무 힘들었으니 다 같이 안식년을 갖고 좀 쉽시다" 했더니 이후 20년을 쉬게 되었다는 우스갯소리가 있습니다.

마라톤을 달리는 사람은 푯대를 향해서 달려가야 합니다. 가다가 쉬면 완주할 수 없습니다. 아무리 힘들어도 끝까지 달릴 수 있는 것은 '지금 무엇 때문에 살고 있는가'에 대한 분명한 비전이 있기 때문입니다.

감리교의 창시자인 존 웨슬리는 88세에 말을 타고 다니면서 전도했고, 책을 썼습니다. 웨슬리가 고령의 나이에도 쉼 없이 달릴 수 있었던 것은 하나님이 맡기신 일을 위함이라는 분명한 비전이 있었기 때문입니다. 우리 인생에서 비전은 이렇듯 정말 중요합니다.

비전은 곧 사명을 감당하게 합니다. 바울이 그랬고 웨슬리가 그랬고 노부부가 그랬듯이 비전이 분명한 사람은 사명을 끝까지 완수합니다.

은혜한인교회가 지금까지 힘에 부치도록 세계 선교를 위해 달려올 수 있었던 것도 하나님이 주신 분명한 비전이 있었기 때문입니다.

비전이 곧 축복이다

비전을 끝까지 붙드는 사람은 삶의 어떠한 장애물도 뛰어넘습니다. 그리고 하나님의 위대한 사역을 이루게 됩니다.

은혜한인교회가 '주님의 지상명령을 수행하는 비전'을 사명으로 여기지 않고, 세계 선교에 대한 책임감도 없어서 선교비를 제대로 보내지 않았다면 재정적으로는 부족함이 없었을지도 모릅니다. 사실 우리 교회는 선교지 지원에 목숨을 걸기 때문에 언제나 재정적으로 부족합니다.

그런데 이것이 은혜입니다. 언제나 부족하니까 하나님 앞에 엎드려 기도로 구할 수 있었습니다. 우리는 부족하니까 지원을 포기하는 게 아니라, 부족하니까 하나님께 기도했습니다. 그래서 우리 교회는 기도로 구하지 않으면 살 수 없는 교회가 되었습니다.

이것이 축복이지 않습니까? 이것이 감사하지 않습니까?

하나님이 당신에게 주신 비전이 무엇입니까? 당신에게 주신 사명을 끝까지 붙들고 있습니까?

우리는 결단코 이 땅에서 편안하려고 예수님을 믿는 것이 아닙니다. 진짜 편안한 장소는 저 영원한 천국입니다. 바로 저 영원한 천국에서 받을 상이 있기 때문에 우리는 이 땅에서 선교하면서 불편을 감수하고 어려움을 당할 수 있습니다.

이스라엘 백성은 광야 생활 중에 비전을 잃어버렸습니다. 매일 반복되는 환경의 어려움 앞에서 그들은 비전을 잃고 말았습니다.

비전은 끝까지 붙들어야 합니다. 비전이 있는 교회는 행복한 교회이고, 비전이 있는 성도는 행복한 성도입니다.

2
비전이
변화시킨다

갈보리교회에 있을 때 나는 어려움이 닥칠 때마다 '40일 철야기도', '백일 철야기도', '금식기도'에 들어갔습니다. 궁극적으로 문제를 해결하실 분은 오직 하나님이기에 즉각 무릎을 꿇고 더 간절히 그분을 붙들었습니다. 그러니 문제가 생겼을 때 관계자들과 회의를 오래 할 필요가 없었습니다.

내가 성도들에게 알리고 기도를 하는 것도 아닌데, 조금 지나면 어떻게 알았는지 나의 철야기도와 금식기도에 동참하는 성도들이 늘어 갔습니다. 그러면서 성도들의 닫힌 마음도 열리고 교회 분위기도 갈수록 교회다워졌습니다.

나는 이런 변화를 이끈 것이 주님이 갈보리교회에 허락해 준 비전과 사명감에 있다고 믿습니다. 주님은 갈보리교회를 세계 선교의 한 부분을 감당하는 지역 교회로 이끄셨고, 어느 사이 교회의 표어는 '세계 선교를 마무리하는 교회'가 되었습니다.

방향과 비전이 분명하면 행복하다

> 내가 이방인인 너희에게 말하노라 내가 이방인의 사도인 만큼
> 내 직분을 영광스럽게 여기노니 **롬 11:13**

바울은 참으로 행복한 목회자였습니다. 그가 겪은 환난과 고초를 생각하면 바울 앞에 '행복한'이란 수식을 붙이는 게 어울리지 않을지 모르지만, 그럼에도 불구하고 바울은 이 땅에서 목회자가 추구할 수 있는 행복한 목회의 참된 모델을 제시한 첫 번째 주의 종이었습니다.

바울이 이렇게 행복한 목회자가 될 수 있었던 것은 분명한 삶의 방향과 비전이 있었기 때문입니다.

바울은 자신이 '이방인의 사도'로 부름 받았음을 분명히 알았습니다. 복음을 이방인에게 증거하는 일이 그의 삶의 목적이자 선교 비전이 된 것입니다.

삶의 방향은 '살아가는 궁극적인 목적이 어디에 있느냐'이고,

비전은 '왜 그것을 하느냐' 하는 고민입니다. 따라서 삶의 방향과 비전에는 정답이 없습니다. 그러나 방향과 비전이 분명하면 어떤 상황에서도 행복할 수 있습니다.

생명을 주고 생명을 얻는다

목회도 나름대로 성공적이고, 교회 운영도 그런대로 순조로운데 선교와 전도를 통해 영혼 구원의 역사가 일어나지 않는다면, 그 교회는 '건강한 교회', '행복한 교회'라고 할 수 없습니다.

나는 다른 사람의 영혼을 구원의 길로 인도하는 절체절명의 사명을 받은 목회자입니다. 그런데 이 사명을 감당하려면 먼저 내 생명을 내려놓아야 한다는 것을 경험으로 배웠습니다. 생명의 구원은 목회자가 자기의 생명을 내려놓는 결단이 있을 때 일어납니다.

하나님은 내가 갈보리교회에 가기 전에 '생명을 주고 생명을 얻는 사역'이라는 확고한 목회 방향을 알려 주셨습니다. 생명까지 나누는 예수님의 심장으로 사역하도록 준비시키신 것입니다.

그래서 나는 만나는 사람마다 나를 통해 축복을 받아야 한다는 믿음으로 사역을 시작했고, 하나님은 상상도 못한 영적 부흥의 기름을 부어 주셨습니다.

그 결과 지난 30여 년간 은혜한인교회의 성도들은 주님의 놀라운 은혜를 체험한 뒤 주의 종으로 훈련받고 목사 또는 선교사로 기름 부음 받아 미국과 전 세계 선교지로 파송되었습니다. 어림잡아 5백 명은 넘을 것입니다.

나는 모든 성도가 주님의 강건한 제자로 양육되어 세계 선교를 감당하기를 바랍니다. 먼저 복음을 접함으로 구원의 길에 들어선 성도는 성령 체험을 통해 제자로 양육되고, 그러면 결국 세계 선교의 필요성과 긴박함을 알아 선교에 동참하게 된다는 것이 나와 교회가 성도들을 양육하는 방향입니다.

3
사명은
순종이다

    소명은 하나님의 부르심이며, 사명은 소명에 순종해 이루어 나가는 주의 일입니다. 하나님은 주의 일을 이루기 위해 끊임없이 그분의 일꾼들을 부르시는데, 그것이 하나님으로부터 오는 소명입니다. 소명은 본인이 원해서 받는 것이 아니라 반드시 하나님으로부터 오는 것입니다.

    간혹 자신이 원하는 것과 하나님의 부르심을 혼동하는 사람이 있습니다. 샐러리맨도 되어 보고 사업도 해보고 학교 다니며 공부도 해보았지만 어느 것 하나 제대로 되는 일이 없어서 주의 종이 되기로 했다면 그것이 과연 소명일까요? 하나님이 어쩌면 '나는

그를 부른 적이 없는데 왜 자꾸 내가 불렀다고 하고 다니는 거지?'
하시지 않을까요?

무엇이 성공인가

　　　　　　　소명은 거룩한 부르심에 순종하는 일입
니다. 모세가 하나님의 부르심을 이해하고 순종하기까지는 우여
곡절이 많았습니다. 그러나 마침내 모세가 하나님의 부르심에 순
종하고 나아갔을 때 하나님은 모세를 통해 이스라엘 민족을 이집
트에서 구원해 내셨습니다.

> 내가 내 자의로 이것을 행하면 상을 얻으려니와 내가 자의로 아
> 니한다 할지라도 나는 사명을 받았노라 고전 9:17

　바울이 이방인의 사도로 사명을 감당하지 않고 "나는 안디옥교
회에서 목회하겠다"고 했다면 기독교 선교의 역사는 전혀 다른 결
과를 가져왔을지도 모릅니다. 그러나 바울은 주님이 부르신 사명
에 순종했습니다. 그리고 지금의 바울로 남을 수 있었습니다.
　베드로는 어부로 다시 돌아갔으나 주님이 직접 찾아와서 복음
전도사로서 부름 받은 그의 사명을 확인시켜 주셨습니다. "내 양
을 먹이라"는 사명을 재차 확인받고 나서 베드로는 하루에 3천 명
의 영혼을 주님께 돌아오게 하는 놀라운 사역을 감당하게 되었습

니다.

우리도 받은 사명대로 사역하면 됩니다. 큰일 또는 많은 사람에게 영향력 있는 일을 한다고 해서 행복한 것이 아닙니다. 오히려 눈에 띄지 않는 일이지만 주님과 긴밀한 관계를 유지하며 일할 때 기쁨이 넘치고 행복한 삶을 살 수 있습니다. 비싸고 고급스런 옷을 입어서가 아니라 자기 몸과 분위기에 꼭 맞는 옷을 입었을 때 아름답습니다.

보통 성공한 목회라면 교인 수에 비례한다고 생각하는데, 나는 행복한 목회가 성공한 목회라고 생각합니다. 교회가 크든 작든 부르신 사명을 행복하게 감당하는 것이 성공한 목회라고 생각합니다.

> 너희는 이 세대를 본받지 말고 오직 마음을 새롭게 함으로 변화를 받아 하나님의 선하시고 기뻐하시고 온전하신 뜻이 무엇인지 분별하도록 하라 **롬 12:2**

오늘날 사람들은 저마다 무언가를 위해 열심히 살아갑니다. 그런데 이 '무언가'가 무엇인지를 물으면 잘 대답하지 못합니다. 삶의 목적, 즉 부르신 사명을 알지 못하면 열심히 살되 방향이 없는 삶입니다.

어떤 사람은 "내 환경은 이 사명을 이루기에 너무 부족해"라고 말합니다. 그러나 베토벤은 청각장애자였으나 위대한 교향곡을 작곡했습니다. 크로즈비 여사는 앞을 보지 못하는 맹인이었으나 지금도 우리가 즐겨 부르는 수천 곡의 찬송시를 썼습니다.

인생의 걸림돌로 작용하는 환경이나 장애는 사실 사명을 이루는 데 크게 문제되지 않습니다. 문제는 사명이 무엇인지 모르는 것입니다. 부르신 사명을 알면 하나님께 감사하며 활력 넘치는 삶을 살 수 있습니다.

성공과 실패의 척도는 사명

1956년 미국 전역이 발칵 뒤집힌 사건이 있었습니다. 짐 엘리엇(Jim Elliot)을 비롯한 5명의 20대 젊은 미국인 선교사가 에콰도르의 미전도종족인 아우카 족속에게 복음을 전하다 현지에서 잔인하게 살해당한 사건이었습니다.

당시 〈라이프〉(Life)와 〈타임〉(Time) 등이 이 사건을 크게 보도하자 온 국민이 분노했습니다. "장래가 촉망되는 미국의 젊은이들이 개죽음을 당한 것은 '인생의 낭비'(what a waste of life)"라고도 했습니다.

그런데 얼마 후, 한 기자가 짐 엘리엇의 아내 엘리자베스 엘리엇을 인터뷰했는데 당시 20대 초반의 그녀에게서 뜻밖의 말을 듣게 되었습니다.

"낭비라니요? 남편은 오래전부터 이 순간을 위해 기도하며 준비해 온 사람입니다. 이제야 그 꿈을 이뤘죠. 남편의 죽음을 '헛된 낭비'라고 하지 말아 주십시오."

짐 엘리엇의 이야기는 그의 아내 엘리자베스가 아이들까지 데리고 남편이 순교한 에콰도르 원시 부족으로 들어가 교회를 세우고 그들을 주님 앞으로 인도하는 것으로 마침내 완성을 이루게 됩니다. 세상 사람들은 젊은 청년 엘리엇 선교사의 죽음을 '헛된 낭비이며 성공하지 못한 선교'라고 비난했지만, 엘리엇이 기도한 대로 그의 삶은 하나님을 위해 소멸함으로 완전하고 풍성한 성공자의 삶이 되었습니다.

사역의 성공과 실패는 반드시 하나님의 관점에서 판단되어야 합니다. 세상적인 눈으로는 성공적이지 않을지 몰라도, 시간이 지날수록 주님과 더 가까워지고 주님을 변함없이 사랑할 수 있다면 그가 바로 '성공한 목회자'요 '가장 행복한 목회자'입니다.

4
이것이
예수님의 사랑

선교지에 나가 집회하면 어느 곳보다 성령의 역사가 더욱 강하게 드러나 많은 사람들이 병 고침을 받고 악한 영이 떠나가는 역사가 일어나곤 합니다.

갈보리교회에서 목회하던 당시 러시아 선교지를 방문하고 돌아오는 길에 성령님의 분명한 음성을 들었습니다.

"너는 미주 지역을 복음으로 깨워라."

처음에는 이 말씀이 얼른 이해되지 않았습니다. 그러나 하나님이 부족한 나를 사용해 이루시고자 하는 계획이 있음을 알고 무조건 기도했습니다. 그런데 얼마 지나지 않아 성령님이 들려주신 말씀이 무엇인지 분명히 알게 되었습니다.

어느 날부터인가 미국 내에 있는 크고 작은 한인 교회에서 집회 요청이 쇄도하기 시작했습니다. 목회와 선교지 방문 등으로 시간을 내기가 쉽지 않은 상황인데도 여러 지역에서 "부흥집회를 인도해 달라"는 요청이 끊이지 않았습니다.

한인 교회가 하나되다

그때부터 성령님의 음성에 순종하기 위해 미주 지역의 여러 도시를 순회하면서 부흥집회를 인도했습니다. 그리고 놀라운 성령의 역사를 보았습니다.

미주 지역에는 4천여 개의 크고 작은 한인 교회가 있습니다. "중국 사람들이 가는 곳에는 짜장면 집이 생기고 한국 사람들이 가는 곳에는 교회가 생긴다"는 말이 있을 정도입니다. 나는 이것이 우리 민족을 향한 하나님의 영적 축복이라고 믿습니다. 짜장면 집을 세우는 것보다 교회를 세우는 것이 얼마나 더 아름답고 복된 일입니까?

문제는 그 많은 교회들이 하나가 되지 못하는 것이었습니다. 그런데 부흥집회를 계기로 작은 교회들이 연합하기 시작했습니다. 그리고 그 연합부흥집회에 나를 초청해 준 것입니다.

이를 계기로 작은 교회들이 서로 협력하고 대화하는 관계가 되었습니다. 분열되었던 교회가 다시 연합하고, 탈진 상태에 있던 목회자들이 힘을 얻고 사역에 임하게 되었습니다.

갈보리교회도 분열되어 두 쪽으로 갈라진 아픔이 있습니다. 교회가 갈라지는 일은 한 몸을 이룬 부부가 성격 차이로 싸우다가 이혼하는 것과 같습니다. 부부가 이혼하면 가장 큰 상처와 어려움을 당하는 사람은 자녀입니다. 부모의 사랑을 여름철 장맛비처럼 받으며 자라도 영적으로 건강하게 성장하기 어려운 오늘날, 부모가 이혼하면 아이들은 엄청난 상처와 고통을 겪게 됩니다.

교회도 마찬가지입니다. 교회가 갈라지면 이 과정에서 가장 상처받고 고통스러운 이가 성도입니다. 선한 목자의 지팡이 아래 있지 못할 때 양이 이리의 밥이 되는 것은 시간문제입니다.

> 삯꾼은 목자가 아니요 양도 제 양이 아니라 이리가 오는 것을 보면 양을 버리고 달아나나니 이리가 양을 물어 가고 또 헤치느니라 요 10:12

하나님은 하나되게 하시는 분입니다. 반면에 사탄은 분열되게 합니다. 하나되게 하시는 이는 성령이고, 나누고 분란을 일으키는 이는 마귀의 악한 영입니다.

교회가 분열의 조짐이 보이면 교역자들이 먼저 목숨을 걸고 기도해야 합니다. 주님이 피 값으로 세우신 교회를 '내 생명을 바쳐서라도 지켜야 한다'는 사명감을 가지고 분열을 막아야 합니다.

네가 내 사랑을 증거해라

한국이 IMF로 인해 경제가 무너지고 많은 가정에 어려움이 닥쳤을 때 하나님은 내게 도움이 되어 주라는 강한 부담감을 주셨습니다. 마음 한편에는 한국에 대형 교회도 많고 자선단체도 많으니 형편이 넉넉지 않은 우리 교회까지 나설 필요가 있을까 하는 생각도 들었으나 그럼에도 부담감은 여전했습니다.

1998년, 집회를 위해 한국을 방문했을 때 서울역 지하도에 즐비한 노숙자들을 보고 큰 충격을 받았습니다. 한강의 기적을 이룬 대한민국이 하루아침에 이렇게 무너지다니, 조국의 참담한 현실에 가슴이 너무 아팠습니다. 한창 일할 나이인 30~40대의 가장들이 직장을 잃고 거리를 헤매는 모습이 목자를 잃은 양처럼 처량하기 그지없었습니다.

물질만 바라보며 달리다 한순간에 물질을 다 잃는다면 모든 것을 잃은 것입니다. 그러나 영원한 소망을 간직한 사람은 물질을 잃어도 참담하지 않습니다. 그저 물질을 잃었을 뿐입니다.

그러므로 지하도에서 아무렇게나 누워 있는 노숙자들에게 필요한 것은 물질이 아니라 영원한 소망이었습니다. 갈 길을 잃은 양을 찾아온 목자였습니다.

참으로 무거운 부담감으로 그들을 위해 기도하는데 성령님이 선명한 음성을 들려주셨습니다.

"네가 이 사람들을 도와 하나님의 사랑을 증거해라."

그 순간 나는 내게 맡겨진 사역이 무엇일까 혼란스러웠습니다. '하나님의 부르심은 한국의 노숙자들을 위한 사역을 맡기기 위함인가? 그렇다면 미국에서의 사역은 어떻게 할 것인가?'

그러나 일단 성령님이 주신 감동에 순종하기로 했습니다. '노숙자들을 위해 구체적으로 무엇을 해야 하는가'라는 제목을 가지고 기도하던 중에 한신교회의 이중표 목사님을 만나게 되었습니다. 당시 한신교회는 마침 본당 신축공사를 마무리하고 헌당예배를 준비하고 있었습니다.

목사님은 내게 교회를 소개하면서, 새 성전의 건물 구조가 어머니가 자식을 품고 있는 모양새라며, 성도들이 교회 안에 들어오면 어머니의 품에 안긴 것처럼 따뜻해졌으면 좋겠다고 말했습니다. 본당 앞 큰 돌에는 '민족성전'이라는 글이 새겨져 있었습니다.

나는 목사님의 설명을 들으면서 '이런 좋은 장소에서 노숙자들과 집회를 하면 좋겠다'는 생각을 했습니다. 그런데 감사하게도 나의 어려운 제안에 이중표 목사님은 선뜻 마음을 함께해 주었습니다.

"귀한 집회가 될 수 있도록 함께 준비합시다."

그렇게 해서 제1차 '노숙형제 초청 천국잔치'를 아직 페인트 냄새도 가시지 않은 새 성전에서 드리게 되었습니다.

악취 가운데 시작된 집회

드디어 집회가 열렸습니다. 서울역과

영등포역, 노량진역 등지를 다니며 노숙자 천여 명을 버스에 태워 분당 한신교회로 달려왔습니다. 그리고 교회에 들어가기에 앞서 분당 지역 목욕탕 여러 곳을 빌려 노숙자들이 오랜만에 때 빼고 광내는 시간을 가졌습니다.

오랫동안 풍찬노숙으로 온몸에 땟물이 꼬질꼬질 밴 그들과 함께하려니 무엇보다 냄새가 고역이었습니다. 그래서 목욕탕을 빌려 몸을 씻고 옷도 새것으로 갈아입은 것인데, 웬일인지 성전 안은 썩은 냄새로 진동했습니다. 나중에 그 냄새의 진원이 그들이 신은 신발에 있었음을 알았습니다. 미처 신발까지 생각지 못한 까닭이었습니다. 하지만 하나님은 그 순간에도 절묘하셔서 아무리 역한 냄새도 시간이 지나면 곧 적응하도록 하셨습니다. 참으로 감사했습니다.

집회는 그렇게 악취 가운데 시작되었습니다.

그런데 시간이 지나면서 또 다른 문제가 발생했습니다. 어떤 사람들은 투덜거리며 성전 밖으로 나가 담배를 피우더니 아무렇게나 담배꽁초를 버리고, 어떤 사람들은 아예 성전 바닥에 드러누워 잠을 자고, 어떤 사람들은 다른 교회는 예배 한번 참석하면 밥도 주고 옷도 주는데 여기는 아침부터 저녁까지 붙들어 놓고 들들 볶기만 한다고 노골적으로 불평했습니다.

집회 분위기가 엉망이었습니다. 당초 집회의 의도는 이들에게 예수님의 사랑을 전하고 복음의 진리를 알려 은혜를 체험케 함으로 어려운 시기를 소망으로 이길 수 있도록 하는 것이었지만, 현실적으로 그것은 불가능해 보였습니다.

그런데 사회를 보신 목사님이 나를 소개하던 순간이었습니다.

"지금 나오실 한기홍 목사님은 미국 샌디에이고 갈보리교회에서 사역하시는 목사님인데, 여러분이 입고 있는 옷, 침낭, 그리고 식사 등 이번 집회의 모든 비용을 이 샌디에이고 갈보리교회에서 부담하셨습니다."

'왼손이 한 일을 오른손이 모르게 하라' 하셨는데 쓸데없는 말을 하시는구나 싶어 마음이 불편했습니다. 그런데 내가 단상에 오르자 놀랍게도 누워 있던 사람들이 일어나 자리에 앉고 밖에 나가 담배를 피우던 사람들이 예배당으로 들어왔습니다. '비용을 부담했다'는 말에 관심이 생긴 것입니다. 하나님의 방법은 우리의 생각으로는 측량할 수 없음을 다시 한 번 깨달았습니다.

내 동포를 전심으로 사랑하고, 가난한 자들을 사랑하시는 예수님의 심장을 가지고 이날 저녁 저는 심장이 터지도록 뜨겁게 복음을 전했습니다. 예수님의 말씀이 선포되는 동안 그들은 "아멘" 대신 "옳소"라고 응답하기도 했습니다.

그들은 그야말로 신앙에서 생짜배기였습니다. 그런데 말씀을 마치고 영접 초청을 하자 90퍼센트 이상이 강대상 앞으로 나와 무릎을 꿇고 예수 그리스도를 구주로 영접했습니다. 하룻밤 새 천여 명의 귀한 성도가 생긴 것입니다. 그들에게 복음은 그야말로 위로요 좋은 소식이었습니다.

그날 밤 치유의 역사도 일어났습니다. 자살할 생각으로 언제나 박카스 병에 독약을 채워 다니던 사람이 그 병을 버리면서 "이제는 예수를 위해 열심히 살겠다"고 다짐했고, 가족도 싫고 세상이 미워서 "누구든지 건드리기만 하면 죽여 버리겠다"고 회칼을 가슴에 품고 다니던 사람이 칼을 버렸습니다.

새 성전을 노숙자들을 위해 내어 준 이중표 목사님도 "진정 예수님이 기뻐하시는 집회를 우리 교회에서 하게 되어 너무 감사하고 기쁘다"고 감격해했습니다.

거룩한 부담을 책임지시는 하나님

제2차 천국잔치는 그로부터 두 달 뒤에 88체육관을 빌려서 2천여 명이 참석하는 대규모 집회로 열렸습니다. 1차 집회에서 은혜받은 사람들이 2차 집회에서 봉사자로 자원했습니다. 나중에는 너무 많은 노숙자들이 몰려오자 88체육관 측에서 강제로 사람들을 돌려보내는 소동까지 일어났습니다.

노숙자들을 위한 천국잔치는 그 후로도 세 차례나 더 진행되었습니다. 지금은 천국에 계신 '성경 읽기 암송 특수 훈련'을 하던 '요한선교단'의 대표 박종면 목사님이 희생적인 헌신으로 동역해 주었고 집회 후에도 계속해서 그들을 돌보아 주었습니다.

1차 노숙자 집회 후 2차 집회를 갔을 때의 일입니다. 1차 집회 때 은혜를 받고 가정으로 돌아가서 직장을 잡은 사람 중에는 첫 월급으로 교회의 강대상을 사서 기증한 분도 있었습니다. 어떤 분은 자신이 주방장이었는데 그중에서도 오리탕이 전문이라면서 "목사님 감사합니다" 하며 오리탕을 만들어 가져오기도 했습니다.

한번은 집회가 부산에서 열렸습니다. 집회에 참여하기 위해 부산 공항에 도착했는데, 그 형제들이 '목사님 사랑합니다'라는 팻말까지 들고 나와 나를 맞아 주었습니다. 서울에서 부산까지 봉사하기 위해 왔다는 것입니다. 정말 깜짝 놀랐습니다. 그들의 순수함과 더불어 그들의 삶을 이렇게나 바꿔 놓으신 하나님의 은혜가 놀라울 따름이었습니다.

하나님의 크신 사랑은 가족을 잃어버리고 소망을 송두리째 빼앗긴 영혼들이 가정으로 돌아가고 직장과 삶을 회복하는 일에 어떤 제한도 없음을 알게 하십니다.

> 다윗이 곁에 서 있는 사람들에게 말하여 이르되 이 블레셋 사람을 죽여 이스라엘의 치욕을 제거하는 사람에게는 어떠한 대우를 하겠느냐 이 할례 받지 않은 블레셋 사람이 누구이기에 살아 계시는 하나님의 군대를 모욕하겠느냐 삼상 17:26

대부분의 이스라엘 사람들이 골리앗이 두려워 감히 대적할 생각도 못하고 있을 때, 소년 다윗은 하나님의 군대가 모욕을 당했다는 사실 때문에 어떻게 해서든지 골리앗을 대적해야겠다는 마음의 부담을 갖게 됩니다.

다른 사람들은 골리앗이라는 현실을 보고 두려워하고 있을 때,

하나님을 경외하는 마음으로 가득한 소년 다윗은 어떻게 해서든지 악한 자를 물리쳐야겠다는 '거룩한 부담'으로 마음이 불붙기 시작했던 것입니다.

다윗은 하나님이 주시는 능력으로 9척 장신의 골리앗을 대적해 돌팔매로 그를 쓰러뜨리고 단칼에 그의 목을 벨 수 있었습니다.

하나님은 '거룩한 부담에 순종하는 하나님의 사람들'에게 세상이 대적할 수 없는 무한한 능력을 허락해 주십니다.

노숙자들을 위한 천국잔치를 시작했을 때 일부에서는 '밑 빠진 독에 물 붓는 일'이라며 극구 반대하기도 했습니다. 더구나 집회 때마다 수만 달러가 드는 비용을 갈보리교회가 다 부담하는 것도 쉽지 않았습니다.

그러나 하나님이 내 마음에 주신 노숙자들을 향한 부담감을 감당하겠다고 결정하자 하나님은 필요한 모든 것을 넘치도록 채워 주셨습니다.

5차 집회까지 마치고 태평양을 건너 미국으로 돌아오는 비행기 안에서 주님은 마음 가운데 따스한 음성을 들려 주셨습니다.

"네가 섬긴 그 노숙 형제들이 바로 나였다."

5

사명자는
누구인가?

　　　　　　바울은 살아생전엔 세상적인 눈으로 볼
때 그리 성공한 사람이 아니었습니다. 3차에 걸쳐 선교여행을 떠
나 여러 곳에 교회를 세우고 주의 복음을 전파하는 일에 생명을
걸었지만, 생전에 자신도 치유되지 않는 질병과 싸워야 했고 여러
선교지에서 돌에 맞아 쫓기거나 옥에 갇히는 고역을 감수해야 했
습니다.

　세상의 눈으로 보면, 그는 잘나가던 길을 버리고 굳이 고행을
걷는 '어리석은 사람'이었습니다.

　그러나 2천 년 교회 역사를 놓고 볼 때 바울보다 더 성공적인

목회자는 없습니다. 그는 절체절명의 사명감으로 헌신과 목숨을 아깝게 여기지 않고 전 세계에 복음이 전해지도록 초석을 놓았습니다.

사명에 있어서 열매는 중요한 척도라고 할 수 있습니다. 그래서 많은 사람들이 사명을 감당하며 어떻게 해서든지 더 많은 열매를 맺기 위해 전력 질주합니다. 하지만 열매가 곧 성공과 실패를 가늠하는 척도는 아닙니다.

많은 성도가 하나님의 부르심을 받아 전력으로 사역을 합니다. 하지만 어떤 경우는 의외로 쉽게 풍성한 열매를 거두나 어떤 경우는 생명을 내놓는 각오로 임해도 열매를 거두지 못할 수 있습니다.

따라서 열매는 무척 중요하지만 열매만을 보고 성공과 실패를 구분해서는 안 됩니다.

사명자는 열매를 맺기 위해 전념하되 늘 '내가 오늘도 변함없이 주님을 사랑하고 주님께 모든 영광을 돌리고 있는가?'를 스스로 물으며 자기 마음의 중심을 검열해야 합니다.

만일 사역하느라 기도도 제대로 못하고 주님과 바른 관계도 갖지 못했다면, 아무리 그 일을 성공시켰더라도 실패한 사명자입니다.

중세시대 마틴 루터가 종교개혁을 일으키기 이전 상태를 풍자한 이야기가 있습니다.

예수님이 웅장한 교회 건물을 돌아보기 위해 하늘에서 땅으로 내려오셨습니다. 예수님이 이제 막 교회에 발을 들여놓으려는 순간, 수도사 한 명이 예수님을 알아보고 황급히 와서 이렇게 소리쳤습니다.

"예수님! 이곳은 예수님이 오실 곳이 아닙니다! 예수님만 없으면 교회 건축, 재정, 그리고 우매한 성도들의 순종이 아무 문제없이 잘 진행될 터이니, 괜히 문제 일으키지 마시고 돌아가 주시면 감사하겠습니다!"

예수가 없는 교회, 예수를 배척하는 교회를 풍자한 이야기입니다. 당시 교회는 교회의 머리 되시는 예수님을 거부하고 외형적인 성공만 추구해 더 크게, 더 화려하게 교회를 짓는 데 혈안이 되었습니다. 혹시 오늘날 우리 교회들이 그렇지 않은지 생각해 봐야 할 일입니다.

잠잘 틈도 없이 바쁘더라도, 사역의 가장 중심에는 예수 그리스도가 있어야 합니다.

뒤를 돌아보지 말라

예수님이 "나를 좇으라" 하셨을 때 "나로 먼저 가서 내 아버지를 장사하게 허락하옵소서"라고 대답한 사람이 있습니다. 바로 베드로입니다. 그는 주를 따르고 싶지만 먼저 할 일이 있다고 했습니다. '먼저 해야 할 중요한 일'이 예수님을 따르는 것보다 '부친을 장사하는 일'이라고 생각한 것입니다.

우리도 주님이 어떤 일을 맡기실 때 "우리 아이들이 아직 어려서요", "사업이 너무 바빠서요" 하면서, 시간의 여유가 생기고 마음과 물질이 준비되어 있을 때 그 일을 하겠다고 대답합니다. 그러나 우리가 잘 알다시피 그것은 하지 않겠다는 대답과 다르지 않습니다. 거역하는 것과 다르지 않습니다.

> 죽은 자들로 자기의 죽은 자들을 장사하게 하고 너는 가서 하나님의 나라를 전파하라 눅 9:60

하나님의 일은 지금 당장 해야 할 시급한 일입니다. 자녀를 사랑하고 가족을 사랑하는 것은 당연한 일이지만, 그래서 하나님의 일을 뒤로 미룰 핑계는 되지 않습니다.

과거에 묶이고 환경에 묶이고 가정에 묶이면 주님이 부르실 때 순종할 수 없습니다. 흔히 "이 일이 이루어지면 하겠습니다" 하고 주님과 타협하려고 듭니다. 이런 사람들에게 예수님은 "손에 쟁기를 잡고 뒤를 돌아보는 자는 하나님의 나라에 합당하지 아니하니라"(눅 9:62)고 말씀하셨습니다. 필요 없다는 말입니다.

주님의 참된 제자가 되려면, 세상에 대한 욕심을 분토와 같이 버려야 됩니다.

예수를 잘 믿어도 별의별 일이 다 닥칩니다. 가정의 어려움, 사업의 어려움, 자녀의 어려움, 영적인 어려움, 끊임없이 환란을 만납니다. 이때 중요한 것은 세상에 대한 욕심을 분토같이 버리는 것입니다. 그리고 십자가를 지는 것입니다. 세상에 대한 욕심을 버리고 자기를 부인하며 주님을 따르는 사람을 하나님은 사명자로 사용하십니다.

김광신 목사님은 1970년대 미국에 이민 와서 비즈니스로 꽤 성공하여 부유하게 살았습니다. 그러나 주님을 만난 뒤 세상에 대한 욕심을 분토같이 버리고 주님만 따르기로 했습니다. 자녀들도 제대로 돌보지 못한 채 주의 사역을 감당하는 데 전적으로 헌신했습니다. 은퇴할 때도 공로에 대한 요구를 전혀 하지 않고 모두 다 버리고 떠났습니다.

우리는 세상에 대한 욕심을 분토와 같이 버리지 못하기 때문에 시시한 일로 싸웁니다. 교회도 시시한 일로 싸우고 가족 간에도 시시한 일 가지고 싸웁니다.

어떤 사람은 평생 헌신하고 고생하고도 나중에 욕심에 눈이 어두워져 교회와 싸우고 가족과 싸우며 하나님의 영광을 가리는 것을 봅니다. 끝까지 세상에 대한 욕심을 분토같이 버리고 주님을 따를 때, 행복한 주님의 제자가 될 수 있습니다.

그러므로 뒤돌아보지 마십시오.

주님을 따르는 사람이 세상에 관심을 가지기 시작하면 결코 주님의 일을 할 수 없습니다. 세상을 돌아보는 그 순간부터 신앙은 변질될 수밖에 없습니다. '주님을 따르겠다'고 나섰으면서 '뒤를 돌아본다'는 것은 이미 마음이 흔들렸다는 말입니다. 자기도 모르게 환경을 바라보고 세상을 바라보는 순간 신앙이 변질되고 믿음에서 떨어져 하나님의 거룩한 사역을 감당하지 못하게 됩니다.

주님은 '뒤돌아보지 말고, 앞만 보고 가라'고 명령하십니다.

나귀는 영광받을 수 없다

예수님은 나귀를 타고 예루살렘에 입성하셨습니다. 이 나귀는 곧 우리입니다.

나귀가 예수님을 모시고 예루살렘으로 올라가는데 종려나무 가지를 꺾어 든 사람들이 "호산나 호산나 다윗의 자손이여" 하고 예수님을 환영하고 찬송했습니다. 이때 나귀가 사람들이 자기를 보고 찬양하는 줄 알고 "할렐루야" 하고 앞발을 높이 들고 벌떡 일어선다면 어떻게 될까요?

그런데 그렇게 찬양하는 소리만 들립니까? 바리새인, 서기관, 사두개인, 장로들이 팔짱을 끼고 서서 "뭣들 하는 짓이야? 아니 예수한테 왜 저런 말을 하는 거야?" 하는 비난 소리도 들립니다. 이때 나귀가 '내가 무슨 잘못을 했다고 그러는 걸까?' 하고 낙심되어 '나도 모르겠다' 하고 주저앉아 버린다면 어떻게 될까요?

하나님의 일을 하다 보면 사탄이 끊임없이 우리를 방해합니다. 그럴 때 좌로나 우로나 치우치지 말고 "믿음의 주요 또 온전케 하시는 이인 예수"만 바라보아야 합니다.

하나님의 일을 하면서 혹시 나에 대해 칭찬하는 소리가 들리면 "이것은 다 주님이 하신 일입니다. 하나님만이 영광을 받아 주시옵소서" 하고 하나님께만 영광을 올려 드려야 합니다. 반면에 하나님의 일을 하다가 욕을 먹거나 속상한 소리를 들으면 곧 회개해야 합니다.

"주님, 용서해 주세요. 저를 통해 하나님이 영광받으셔야 하는

데 이렇게 쓸데없는 소리가 들리니 용서하옵소서."

　회개하면 주님이 책임져 주십니다. 지난 세월을 통해 내가 정결하고 깨끗해지면 주님이 역사해 주신다는 것을 확실히 알게 되었습니다.

6
연합하는
사역

　　부흥집회를 위해 미주 지역을 순회하면
서 하나님이 내게 주신 메시지는 '화합과 부흥'이었습니다. 교회가
하나되고, 성도들이 단합하고, 지역 교회들이 연합할 때 그곳에서
큰 구원의 역사가 일어나는 것을 목격하게 하셨습니다. 먼저 교회
가 하나되어 주님의 영광을 위해 단합할 때 교회의 부흥은 자동으
로 따르게 됩니다.

　하나님은 한인 교회가 화합해서 부흥할 때 미국 전체가 새로워
질 것을 비전으로 주셨습니다. 하나님은 교회가 화합하는 모습을
참으로 기뻐하십니다.

이웃의 교회들과 함께

은혜한인교회가 소재하고 있는 남가주의 오렌지카운티에는 4백여 개의 한인 교회가 있습니다. 바로 이웃에는 플러톤장로교회가 있고, 불과 몇 블록을 사이에 두고는 남가주 사랑의교회가 있습니다.

대형 교회가 가까이에 있다 보니 주변에선 혹시라도 불편한 관계가 되지 않을까 걱정했습니다. 세상적인 관점에서 보면 라이벌 구도가 되어서 상호간에 불협화음이 생길 수 있다는 우려였습니다.

그러나 교회가 분열되고 잡음이 생기면 좋아하는 것은 오직 사탄뿐입니다. 우리는 하나되기 위해 기도할 뿐 아니라 화합의 분위기를 만들기 위해 여러 방면에서 노력했습니다. 주요한 연합행사를 할 때는 서로 강단을 교류하기도 했습니다.

하나님은 또한 내가 교회협의회를 비롯한 여러 교회 단체의 단체장으로서 미주 한인 교회들을 섬기도록 인도해 주셨습니다. 이렇게 많은 협회와 선교 조직을 섬기면서 서로 화합하고 연합해서 사역하는 길을 열어 주신 것은, 하나님이 교회들의 연합을 기뻐하시기 때문입니다.

개교회도 물론 중요하지만 여러 교회와 선교 단체들이 서로 힘을 합하고 정보를 나누며 재정적으로 도움을 주고받을 때 주의 나라를 위해 할 수 있는 일이 더 많아지고 커집니다. 이를 통해 더 많은 영혼들이 주님 앞으로 돌아오게 될 것입니다.

연합사역은 놀라운 부흥을 꿈꾸는 다음 세대들에게 반드시 계승해 주어야 할 영적 전통이라고 믿습니다.

함께 갑시다

　　　　미국에 불황이 닥쳤을 때 일반 기업은
물론 비영리단체와 심지어는 교회에서조차 구조조정의 바람이 불
었습니다.

은혜한인교회도 예외가 아니었습니다. 재정적으로 어려운 상황
이 되자 당회에서는 구조조정을 하자는 의견을 피력했습니다. 그
러나 우리는 '정리해고'가 아닌 '함께 가는 것'으로 결정했고, 이후
의 일들은 하나님께서 놀라운 채우심으로 해결해 주셨습니다.

물질적인 복은 영적인 복에 따르는 부산물입니다. 우리는 많은
경우, 먼저 물질적인 복을 구하는데 하나님 나라의 원리는 이와
반대입니다.

> 그런즉 너희는 먼저 그의 나라와 그의 의를 구하라 그리하면 이
> 모든 것을 너희에게 더하시리라 마 6:33

다른 교회 목사님들이 우리 교회에서 가장 부러워하는 점이 당
회입니다. 갈보리교회에서도 그랬지만 은혜한인교회의 당회는 무
척 화기애애하고 활기가 있습니다.

어떤 목사님은 "당회에 들어가려면 먼저 우황청심환부터 먹어

야 한다"고 할 만큼 당회 하면 이런저런 안건들을 처리하느라 분위기가 딱딱하고 근엄한 것으로 이해합니다. 당회가 인사권을 갖고 있다 보니 때로 담임목사와 팽팽하게 힘겨루기를 할 때도 있습니다.

요즘은 이렇게 교회 안에 세상적인 리더십이 들어와 있긴 하지만, 그럼에도 우리가 좇을 리더십은 예수님이 보여 주신 섬김의 리더십임을 잊어선 안 될 것입니다.

> 인자가 온 것은 섬김을 받으려 함이 아니라 도리어 섬기려 하고
> 자기 목숨을 많은 사람의 대속물로 주려 함이니라 막 10:45

예수님은 제자들의 더러운 발을 손수 씻겨 주시며 섬김의 리더십을 가르치셨습니다. 십자가에서 대속하는 희생으로써 세상을 이기는 모범을 보여 주셨습니다.

당회에서 효과적인 의사결정보다도 더 중요한 것이 사랑의 나눔입니다. 담임목사가 삶으로 모범이 되었을 때 온 교회의 신뢰와 존경을 받게 될 것이고, 그러면 당회에서도 화합과 사랑을 나누는 시간이 됩니다.

우리 교회의 당회는 장로님과 교역자들이 자주 만나지 못해 나누지 못한 이야기를 서로 나누며 교제하는 시간이기도 합니다. 꼭 처리해야 할 안건은 가능한 신속하게 처리합니다. 그렇다고 해서 지금까지 당회에서 결정한 일들 때문에 차질이 빚어진 일은 없습

니다.

리더가 섬기는 자리가 아니라 대접받는 자리에 있으려 하면 이 때부터 알게 모르게 교회에 긴장감이 생기기 시작합니다. 여기에 권위의식까지 내세우면 양상은 더 심각하게 흘러갑니다.

리더십은 하나님께서 직접 부여하신 영적 권위와 성도가 말씀 가운데 깨달아 자발적으로 순종하는 것에 의해 발휘됩니다. 스스로 부여한 권위와 강제에 의한 순종으로는 리더십이 발휘될 수 없습니다.

양들은 목자가 어떤 마음으로 양들을 대하고 있는지 본능적으로 압니다. 그러므로 모든 리더십의 동기는 사랑이어야 합니다. 예수님의 모든 사역 동기가 사랑에 있었던 것처럼, 사랑이 모든 사역과 목회의 근본적인 동기가 되어야 합니다.

> 나는 선한 목자라 나는 내 양을 알고 양도 나를 아는 것이 아버지께서 나를 아시고 내가 아버지를 아는 것 같으니 나는 양을 위하여 목숨을 버리노라 요 10:14-15

목회는 '나의 생명을 내어 줌으로 다른 사람의 생명을 얻게 하는 일'입니다. 예수님이 십자가에서 우리를 위해 자신의 생명을 내어 주신 것처럼, 내 생명을 걸고 사역에 임할 때 다른 사람의 생명을 구할 수 있습니다.

한 영혼이 주님을 영접할 때 천국에서는 천사들이 나팔을 불며

잔치를 벌입니다. 천하보다 더 귀한 한 영혼이 주님 앞으로 돌아올 때 예수님이 십자가에서 마지막 피 한 방울까지 쏟으신 그 희생이 비로소 의미를 갖게 되는 것입니다.

예수님 앞으로 한 영혼이라도 더 인도할 수 있는 섬기는 리더십을 실천하는 행복한 목회자가 되는 것이 나의 소망이며 비전입니다.

사랑으로 사역하십시오

새 계명을 너희에게 주노니 서로 사랑하라 내가 너희를 사랑
한 것같이 너희도 서로 사랑하라 요 13:34

현대는 사랑이 필요한 시대입니다.

　하나님의 자녀들이 모인 교회는 무엇보다 사랑이 충만한 모습
으로 세상에 드러나야 합니다. 우리를 위해 십자가에서 고난을 당
하신 예수님의 사랑은 실천적인 사랑입니다. 예수님은 이 땅에 오
셔서 말로만 사랑한다 하시지 않았습니다.

만일 형제나 자매가 헐벗고 일용할 양식이 없는데 너희 중에
누구든지 그에게 이르되 평안히 가라, 덥게 하라, 배부르게
하라 하며 그 몸에 쓸 것을 주지 아니하면 무슨 유익이 있으
리요 이와 같이 행함이 없는 믿음은 그 자체가 죽은 것이라

약 2:15-17

사랑을 실천하십시오.

　하나님은 말로만 사랑하는 사람이 아니라, 진실함으로 사랑을 실천하는 사람을 기뻐하십니다. 그를 통해 열매를 맺게 하십니다.

　사랑을 실천하는 믿음의 사람은 하나님께 영광 돌리는 삶, 예수님의 제자로서의 삶을 살게 됩니다. 참 사랑은 행복한 열매를 맺습니다. 이 행복한 열매는 사람을 살립니다. 사람을 세우며 사람을 행복하게 만듭니다.

6부

하나님께
투자하십시오

놀라운 상급으로
갚아 주시다

1

하늘의 상급을
기대하라

　　　　　나는 결혼할 때 아내에게 네 가지를 보
장해 준다고 약속했습니다.

　첫째는 '신앙생활이 보장된다'고 했습니다. 교회를 마음껏 다닐
수 있으며, 금식하고 싶으면 금식하고 철야기도 하고 싶으면 철야
기도 하라고 했습니다. 당연한 것 같지만 이것이 얼마나 큰 축복
인지 모릅니다. 신앙생활을 자유롭게 할 수 있다는 것은 정말이지
커다란 복입니다.

　둘째, '고난이 보장된다'고 했습니다. 나는 주의 종이기 때문에
내가 가는 길은 십자가를 지고 가는 길입니다. 주의 종은 이사할

준비, 죽을 준비, 설교 준비, 이 세 가지를 항상 준비해야 합니다. 우리 부부는 결혼 전부터 고난을 각오했기 때문에 어려움 앞에서는 언제나 담대했습니다.

셋째, '행복이 보장된다'고 했습니다. 나는 무엇보다 아내 외에는 절대로 다른 여자에게 눈길조차 주지 않겠다고 약속했습니다.

넷째, '상급이 보장된다'고 했습니다. 나와 같이 살다 보면 주의 일을 함께해야 하니 당연히 하늘나라의 상급이 있는 것입니다.

요즘처럼 불황기에 생활은 힘들지언정 하늘나라의 상급은 많으십니까? 그렇다면 보람된 인생을 산 것입니다. 바울은 늘 고난 중에 있었지만 하나님이 그를 위해 준비한 '의의 면류관'과 '하늘나라에서 받을 상'을 바라보며 항상 기뻐할 수 있었습니다.

수준 높은 상급 신앙

> 그런즉 너희는 강하게 하라 너희의 손이 약하지 않게 하라 너희 행위에는 상급이 있음이라 하니라 대하 15:7

나는 한동안 하늘나라의 상급에 대해 말하는 것이 좀 불편했습니다. '주의 일을 하는 동기가 하늘나라에 있을 상급 때문은 아니지 않은가'하는 생각 때문이었습니다. 그러나 성경은 여러 군데에서 상급에 대해 언급하고 있습니다. 특히 게으른 자를 책망하시고 주의 나라를 위해 생명을 아끼지 않은 사람들에게 "큰 상급을 주겠다"고 약속하셨습니다.

> 보라 주 여호와께서 장차 강한 자로 임하실 것이요 친히 그의 팔로 다스리실 것이라 보라 상급이 그에게 있고 보응이 그의 앞에 있으며 사 40:10

교회에서 봉사를 열심히 하던 성도가 가끔 시험에 드는 것을 봅니다. 열심히 봉사하는 만큼 알아주는 사람이 없거나 함께 봉사하는 지체끼리 불화가 생겨서 마음이 어려워지는 경우입니다.

그러나 상급 신앙을 가진 사람은 이 같은 시험에서 자유롭습니다. 이 땅에서 인정받는 것에는 도무지 관심이 없고 오로지 하늘 나라에서 받을 상급에만 관심이 있으니 불화할 일도, 섭섭할 일도 없는 것입니다. 상급 신앙은 유치한 신앙이 아니라 가장 높은 수준의 신앙입니다.

올바른 천국관

천국은 어떤 곳일까요? 또 하나님의 상급은 어떤 것일까요? 성경에서 증거하는 천국과 상급에 대해서 올바로 이해하면 이 땅에서 신앙생활을 하는 데 큰 힘이 됩니다.

첫째, 천국은 죄와 죽음이 없는 곳입니다.

요한계시록 21-22장에서는 천국을 비교적 자세하게 묘사하고 있습니다.

21장 4절에 "다시는 사망이 없고 애통하는 것이나 곡하는 것이나 아픈 것이 다시 있지 아니하리니 처음 것들이 다 지나갔음이러라"라고 기록되어 있습니다. 다시는 죄 때문에 안타까워하거나 죽음 때문에 슬퍼하지 않습니다.

우리가 병들까 두려워하는 것은 결국 죽을까 두려워하는 것입니다. 그러나 천국에는 병듦도 없고 죽음도 없습니다. 당연히 죄 문제도 사라지고 많은 사람들을 끈질기게 괴롭히는 정욕 문제도 사라집니다. 시기심도 사라지고 미움도 사라집니다. 외롭고 허무한 생각도 사라집니다.

둘째, 천국은 시공간을 초월하는 영원한 곳입니다.

천국은 우리가 살고 있는 곳처럼 3차원의 세계가 아닙니다. 무한 차원의 세계라 마음껏 장소를 이동하며 살 수 있습니다. 설 연휴나 휴가철이면 교통 체증으로 고생하지 않아도 됩니다. 마음만 먹으면 우주 어디든 갈 수 있고 어디든지 존재할 수 있습니다. 또 하루 24시간을 아까워하며 바쁘게 살지 않아도 됩니다. '하루를 천 년같이' 여유 있게 살며 '천 년을 하루같이' 신속하게 지낼 수 있습니다.

셋째, 천국은 우리가 상상하는 그 이상으로 좋은 곳입니다.

모든 상상력을 동원해도 천국은 상상 이상의 세계입니다. 단테는 《신곡》에서 지옥과 연옥에 대해선 비교적 상세하게 기록했지만, 천국에 대해선 자세히 묘사하지 않았습니다. 그만큼 천국은 우리가 사는 세상과 너무 달라 상상조차 안 되는 곳입니다.

불과 20~30년 전만 해도 우리는 전 세계인이 인터넷으로 네트워크화되어 모든 정보를 이렇게 신속하게 공유하게 될 줄은 꿈에도 몰랐습니다. 천국은 이보다 더 상상하기 어려운 세계입니다.

넷째, 천국은 반드시 가야 할 곳입니다.

천국에 대해 마치 어린 아이처럼 상상해 보았을 때, 천국은 상상 이상으로 충분히 즐겁고 재미있는 곳이라고 확신합니다. 중요한 것은 '천국이 반드시 있다'는 것이고, 천국에 가지 못하면 '지옥에 간다'는 것입니다. 죽음 뒤에는 천국 아니면 지옥이지, 중간은 없습니다.

부활과 심판을 믿지 않는 사람들은 '죽으면 그만'이라고 생각합니다. 그러나 죽으면 그만이 아니라 죽은 후에 반드시 하나님의 심판이 있습니다. 하나님의 심판대 앞에서 천국과 지옥으로 판가름 나서 영원한 축복과 영원한 고통을 받아야 합니다. 이것은 우리가 좋아하든 좋아하지 않든, 원하든 원치 않든 하나님께서 그렇게 정해 놓으신 것입니다.

천국에 대한 소망이 확실한 사람일수록 현세의 삶에 그렇게 욕심 내지 않습니다. 70~80년 사는 동안 만나는 고난에 대해 그렇게 힘들어하지 않습니다. 영원한 삶에 비하면 인생은 너무 짧기 때문입니다. 마치 고등학생이 대학에 가기 위해 3년 동안 인내하며 고생하는 것과 마찬가지입니다.

우리가 진정으로 천국에 대한 확신이 있다면 이 세상의 물질, 명예, 권력, 사랑에 집착하지 않고 하나님을 기쁘시게 하는 삶을 살아갈 수 있습니다.

상급에 욕심을 내라

하루는 선교지에 나가야 하는 김광신 목사님이 탈수 증세까지 보이며 심한 몸살에 걸렸습니다. 그런데도 예정된 선교지 방문을 강행하겠다고 고집을 피웠습니다. 사모님이 이번에는 다른 분을 대신 보내라고 거듭 만류했지만 소용없었습니다. 그때 김광신 목사님이 한 말이 있습니다.

"누워 있으면서 아프기보다는 일하면서 아픈 것이 더 낫지. 어차피 아픈 것은 마찬가지니 말야."

김광신 목사님은 대장암 수술을 받고 항암치료를 받으신 다음 날에도 선교지로 떠났습니다. 안타까움에 선교지행을 만류하는 사모님에게는 "나를 사랑하는 만큼 나를 위해 기도해 달라"고 말했습니다. 선교에 대한 열정을 말릴 수가 없는 분이었습니다.

얼마 뒤 건강을 회복한 김광신 목사님에게 내가 물었습니다.

"그렇게 몸이 아픈데도 굳이 선교지에 가셔야 했습니까? 그 힘은 어디서 나오는 겁니까?"

그러자 그분은 이렇게 대답했습니다.

"내가 이렇게 목숨을 내놓고 주의 일을 위해 전력질주 하는 것은 장차 하늘나라에서 받을 상급 때문이라네. 나는 늦은 나이에 은혜받고 주의 종이 되었기 때문에 다른 목회자들보다 몇 배는 더 열심히 해야 그분들이 받을 상급의 절반이라도 받을 수 있을 걸세. 당연히 잃어버린 영혼을 한 명이라도 더 주님 앞에 인도하기 위한 노력이기도 하네."

나는 목사님의 말을 들으면서 더 큰 상급에 욕심이 났습니다. 그래서 주님을 전하는 일에 더 최선을 다하겠다고 다짐했습니다.

상급에 대한 욕심을 갖는 것은 성경적입니다. 이런 건강한 욕심은 사역에 대해 최선을 다하게 이끕니다.

상급받게 하는 교회

목회자의 중요한 역할 중 하나는 성도들이 상급받게 하는 교회를 만드는 것입니다. 지혜로운 그리스도인은 하늘나라에 상급 쌓는 일에 열심을 냅니다. 하늘나라에서 상급을 받는 것은 주님께 칭찬받는 일이요 영원토록 축복된 삶이 되는 것입니다.

감사하게도 은혜한인교회는 창립 초부터 선교에 힘을 모으고 부지런히 힘쓴 결과, 57개국에 276명의 선교사를 파송했고(2015년), 그들에 의해 수천 개의 교회가 개척되어 날마다 주님을 영접하는 사람들이 더해지고 있습니다.

우리 교회 성도들은 해마다 단기선교로 선교지를 방문하는데,

그 수가 얼마나 많은지 헤아리기 어려울 정도입니다. 탈북자를 위한 '은혜동산'을 필두로 '베네수엘라 영적 부흥회'(AFA), 멕시코, 코스타리카, 도미니카공화국, 독일, 인도 미전도종족, 캄보디아, 알래스카, 아프리카까지 전 세계 5대양 6대주에 단기선교팀의 손길이 닿지 않는 곳이 없습니다. 특별히 인도 미전도종족 지역에는 200여 명의 단기선교팀이 1, 2차로 나뉘어 마을 구석구석을 방문하며 복음의 씨앗을 뿌리고 있습니다. 뿐만 아니라 앞으로 7천 개의 지역에 교회를 세우는 것을 목표로 성전 봉헌 예배와 지도자 훈련을 따로 실시하고 있습니다. 나는 이 모든 것이 상급 신앙에서 비롯된다고 믿습니다.

주님이 오시는 날, 우리 교회 성도들이 모두 한목소리로 "나는 선한 싸움을 싸우고 나의 달려갈 길을 마치고 믿음을 지켰습니다"는 믿음의 고백을 하기를 바랍니다. 그래서 주님으로부터 "잘하였도다 착하고 충성된 종아 네가 적은 일에 충성하였으매 내가 많은 것을 네게 맡기겠다"는 칭찬과 함께 상급을 받게 되기를 기도합니다.

상급을 기대하며 열정을 쏟으십시오

바울은 확실한 상급 신앙으로 살아간 대표적인 인물입니다. 이러한 바울은 여러 차례 상급을 얻는 아름다운 신앙생활에 대해 가르쳤습니다. 바울이 말한 하늘의 상급을 받기 위해 우리는 어떤 신앙의 자세를 가져야 할까요?

첫째, 약속을 믿고 분명한 목표와 확신을 가져야 합니다.

이제 후로는 나를 위하여 의의 면류관이 예비되었으므로 주 곧 의로우신 재판장이 그날에 내게 주실 것이며 내게만 아니라 주의 나타나심을 사모하는 모든 자에게도니라 딤후 4:8

주인이 이르되 잘하였다 착한 종이여 네가 지극히 작은 것에 충성하였으니 열 고을 권세를 차지하라 하고 눅 19:17

믿음이 없이는 하나님을 기쁘시게 하지 못하나니 하나님께

나아가는 자는 반드시 그가 계신 것과 또한 그가 자기를 찾는
자들에게 상주시는 이심을 믿어야 할지니라 히 11:6

그런즉 너희는 강하게 하라 너희의 손이 약하지 않게 하라 너
회 행위에는 상급이 있음이라 하니라 대하 15:7

둘째, 연습과 노력이 필요합니다.
특별히 기도, 말씀, 전도, 봉사, 선교 등 모든 면에서 부단한 훈
련과 피땀 흘리는 노력이 필요합니다.

시험을 참는 자는 복이 있나니 이는 시련을 견디어 낸 자가
주께서 자기를 사랑하는 자들에게 약속하신 생명의 면류관
을 얻을 것이기 때문이라 약 1:12

너희 믿음의 확실함은 불로 연단하여도 없어질 금보다 더 귀

하여 예수 그리스도께서 나타나실 때에 칭찬과 영광과 존귀
를 얻게 할 것이니라 벧전 1:7

셋째, 방향을 잘 잡아야 합니다.

상급을 바라보며 힘껏 앞을 보고 달리되 푯대를 향해 곧게 가는
것이 중요합니다. 그러기 위해선 목표물을 향한 시선을 놓쳐서는
안 됩니다. 그리고 그 목표는 바로 예수 그리스도입니다.

그러므로 나는 달음질하기를 향방 없는 것같이 아니하고 싸
우기를 허공을 치는 것같이 아니하며 내가 내 몸을 쳐 복종하
게 함은 내가 남에게 전파한 후에 자신이 도리어 버림을 당할
까 두려워함이로다 고전 9:26-27

이는 기업의 상을 주께 받을 줄 아나니 너희는 주 그리스도를
섬기느니라 골 3:24

넷째, 절제할 줄 알아야 합니다.

중요한 경기를 앞둔 선수는 승리를 위해 모든 것을 조절합니다. 먹는 것, 입는 것, 보는 것, 움직이는 것 등 모든 것이 한 가지 목표를 위해 절제되고 통제됩니다. 바로 승리를 얻기 위해서입니다.

> 이기기를 다투는 자마다 모든 일에 절제하나니 그들은 썩을
> 승리자의 관을 얻고자 하되 우리는 썩지 아니할 것을 얻고자
> 하노라 고전 9:25

> 너희는 스스로 삼가 우리가 일한 것을 잃지 말고 오직 온전한
> 상을 받으라 요이 1:8

구원을 얻는 것은 신앙생활의 시작이지 결말이 아닙니다. 구원을 얻은 자들은 이제 복음의 일꾼으로서 하나님이 약속하시고 주

실 상급을 향해 달려가야 합니다. 그것이 구원받은 자에게 주어진 사명입니다.

바울은 그 상을 위해 그의 전 생애를 바쳤고 그로 인해 사도의 직분과 영원한 영광의 면류관을 얻게 되었습니다. 상급에 대한 확실한 목표를 세우는 것이 중요합니다. 그리고 상급받는 일에 더욱 욕심을 내서 일하는 열정이 필요합니다.

2
상급은
심판대 앞에서

바울이 엄청난 시험과 환난을 당하면서
도 승리할 수 있었던 비결은, 푯대를 향하여 그리스도 예수 안에
서 하나님이 위에서 부르신 부름의 상을 위하여 좇아갔기 때문입
니다.

이 땅에서 '누가 성공하고 누가 실패했다'는 것은 섣부른 판단
입니다. 그것을 결정하실 이는 오직 주님 한 분뿐입니다. 그분이
오셔서 "잘했다 착하고 충성된 종아"라고 말씀하시면서 면류관을
씌워 주시는 그 사람이 성공한 사람입니다. 세상적인 성공은 그날
에는 아무런 의미가 없습니다.

그리스도의 심판대 앞에 서는 그날까지 좌로나 우로나 치우치지 않고 푯대를 향해 달려가는 그 사람이 진정한 성공자가 될 것입니다.

상급을 위해 사는 성도

지혜로운 사람은 하늘의 상급을 위해서 살아갑니다. 미련한 사람은 이 땅의 것들에 눈이 멀어서 영원한 소망을 모르고 살아갑니다.

> 하나님은 불의하지 아니하사 너희 행위와 그의 이름을 위하여 나타낸 사랑으로 이미 성도를 섬긴 것과 이제도 섬기고 있는 것을 잊어버리지 아니하시느니라 히 6:10

> 보라 내가 속히 오리니 내가 줄 상이 내게 있어 각 사람에게 그가 행한 대로 갚아 주리라 계 22:12

내가 주를 위해서 시간을 드리고, 물질을 드리고, 봉사하고 헌신한 그것을 하나님은 잊어버리시지 않습니다.

내가 지금 하고 있는 일이 하늘나라의 상급을 쌓는 일이 아니면 미련한 인생을 살고 있는 것입니다. 내가 아무리 많은 은사, 달란트를 받았다 할지라도 주를 위해 드려지는 인생이 되지 못하면 미련한 인생이 되고 맙니다.

은혜한인교회는 창립 이래 지금까지 세계 선교를 감당하고 있습니다. 얼마 전 성도들은 페루와 칠레를 다녀왔는데, 하늘나라의 상급을 바라지 않는다면, 왜 그렇게 멀리까지 가서 선교를 하겠습니까? 시간과 돈을 들이면서까지 헌신할 필요가 있겠습니까? 하늘나라의 상급을 바라보기 때문에 우리는 기쁨으로 섬길 수 있습니다. 지혜로운 사람은 그 비밀을 압니다.

예수님 왜 우십니까?

누가복음 19장에는 예수님이 예루살렘 성을 바라보며 눈물 흘리시는 장면이 나옵니다.

> 가까이 오사 성을 보시고 우시며 이르시되 너도 오늘 평화에 관한 일을 알았더라면 좋을 뻔하였거니와 지금 네 눈에 숨겨졌도다 눅 19:41-42

하나님은 전지전능한 분이지만 그분의 섭리 가운데 이미 개입하지 않기로 작정하신 일에 대해서는 비록 눈물을 흘리더라도 그대로 두실 수밖에 없습니다.

예루살렘 성이 로마 군사들에 의해 멸망당하는 일이 그랬고, 예수를 영접하지 않아서 지옥불로 떨어지는 영혼들에 대해서도 그렇습니다. 이미 영혼 구원 사역은 믿는 자들의 손에 맡기셨기 때문에, 단지 안타까운 심정으로 눈물 흘리시는 수밖에 없는 것입니다.

우리가 세계 선교와 이웃 전도에 최선을 다해야 하는 이유는, 이 복음 전파와 영혼 구원 사역을 우리에게 맡기셨기 때문입니다. 그 일은 천사들도 흠모할 만큼 상급이 큰 일입니다.

초대 기독교의 상급 신앙

네로 황제는 로마에서 대화재가 일어나자 그 책임을 그리스도인에게 뒤집어씌워 수천 명의 그리스도인을 콜로세움에 몰아넣고 사자밥이 되게 했습니다. 그리스도인에 대한 그의 박해는 악명이 높습니다.

그런데도 그리스도인의 숫자는 줄어들기는커녕 핍박이 심해질수록 오히려 더 늘어나고 더 강건해졌습니다. 그러자 네로 황제는 더 길길이 날뛰며 그리스도인은 무조건 잡아서 사형에 처하는 법안을 만들겠다고 공언했습니다.

이때 한 신하가 반대했습니다. 그들을 죽여 순교자로 만들면 그들은 더욱 순교자를 추앙하기 때문에 역효과가 날 뿐이라고 한 것입니다.

그러면서 그는 사형보다는 잔인하게 고문하여 예수를 부인하고 다시는 신앙생활을 하지 못하도록 하는 것이 좋겠다고 제안했습니다.

그러자 또 다른 신하가 비웃으면서 이렇게 말했습니다.

"당신이 그들을 몰라서 하는 말이요. 저들은 고문을 받으면 십자가의 고난에 동참한다고 자랑스러워하고, 또 지금 받는 육신의 고난이 하늘에서는 상급으로 쌓인다고 믿어서 오히려 고문의 흔적을 자랑하고 다닙니다. 그런 방법으로는 그리스도인들을 없앨 수 없습니다."

네로 황제와 신하들은 그 후에도 오랜 시간 그리스도인들을 없앨 궁리를 해 보았지만 신통한 방법을 찾지 못했고, 궁 밖에서는 날로 믿는 자들의 숫자가 늘어 갔습니다.

초대교회 성도가 모진 핍박 중에도 소망을 잃지 않을 수 있었던 가장 큰 이유 중 하나는 바로 '상급 신앙'이 분명했기 때문입니다.

하나님은 징계하고 심판하는 분인 동시에 상주시는 분입니다. 하나님의 상은 행위대로 갚아 주시는 것이기도 하지만, 하나님을 신뢰하는 것 자체가 상급이 되기도 합니다.

개인상과 단체상

상급에는 두 가지가 있는데 하나는 개인적인 공과에 따라서 심판대에서 받는 상급이고, 다른 하나는 믿음의 공동체에 속한 모든 자가 공평하게 나누는 상급입니다. 김광신 목사님은 이 상급을 가리켜 '영적 단체상'이라고 표현했는데, 이는 매우 성경적인 해석이라고 생각합니다.

> 운동장에서 달음질하는 자들이 다 달릴지라도 오직 상을 받는
> 사람은 한 사람인 줄을 너희가 알지 못하느냐 너희도 상을 받도
> 록 이와 같이 달음질하라 고전 9:24

마라톤에서 우승한 사람에게는 금메달을 목에 걸어 줍니다. 또한 축구, 배구와 같은 단체 구기 종목에서 우승하면 후보 선수나 주전 선수를 가리지 않고 팀 전체에 금메달을 목에 걸어 줍니다.

이와 같이 어느 한 교회가 영적 전쟁이라고 할 수 있는 선교, 전도에서 큰일들을 이뤘을 때, 이 교회에 영적 단체상이 주어질 것이라고 생각합니다. 그래서 어떤 성도는 본인이 직접 선교하고 전도하지 않았더라도 그 공동체에 속했다는 것을 인정받아 단체상을 나누게 될 것입니다.

따라서 선교와 전도에 앞장서는 교회에 신앙의 뿌리를 내리고 '함께 달리는 일'이 매우 중요합니다.

오늘날은 네트워크를 통해 협력하고 정보를 공유해서 사역을 이뤄 나가는 것이 효과적입니다.

더 중요한 투자

무디는 어려서 아버지를 여의고 가난한 가정에서 자라서 초등학교도 졸업하지 못한 채 구두수선공이 되었습니다. 가난에 한이 맺힌 그는 오직 돈을 벌어야겠다는 생각으로

우선 만 달러를 모으겠다고 목표를 정했습니다. 지금으로부터 150년 전에 구두수선공이 만 달러를 모은다는 것은 어마어마한 일이었습니다. 그런 만큼 악착같이 일했고 착실히 돈을 모았습니다.

그러던 어느 날 무디는 예수님을 만난 뒤 완전히 변화되었습니다. 그 후로는 주급을 받으면 돈을 모으는 게 아니라 오히려 주일학교 학생들을 위해 사탕을 사서 나누어 주었습니다. 그는 번 돈을 몽땅 전도하는 데 썼습니다. 나중에는 주일학교 아이들이 2천 명까지 늘어났습니다.

모든 주일학교 선생님들이 무디와 같은 마음으로 주일학교 아이들을 돌본다면 하늘나라에 엄청난 보화를 쌓게 될 것입니다.

우리가 주님을 위해 투자하면 하나님은 어마어마한 은혜로 갚아 주십니다. 그리고 그런 우리를 주님의 일에 사용하십니다. 당신이 가진 재능과 지식, 물질을 죽어 가는 영혼을 살리는 데 사용하십시오. 가장 값지고 보람된 투자가 될 것입니다.

미국은 선교 1위 국가입니다. 선교단체와 각 교회들이 1년에 해외로 보내는 선교비가 약 2억 달러라고 합니다. 그런데 유흥비로는 2440억 달러가, 죄와 관련해서는 5조 2천억 달러가 소비된다고 합니다.

이것이 거꾸로 되면 얼마나 좋겠습니까? 그렇게 되면 전 세계 교회를 성장, 부흥시킬 수 있을 것입니다. 하늘에 보화를 쌓는 일에는 열심이 없기 때문에 오늘날 미국이 타락해 가고 있는 것입니다.

당신은 어떻습니까? 선교와 전도를 위해 수입의 몇 퍼센트를 사용하고 있습니까? 반면에 휴가나 가족이 즐기는 일을 위해서는 수입의 몇 퍼센트를 사용하고 있습니까?

수입의 90퍼센트가량을 놀고먹는 데 쓰는 사람이 있습니다. 그런 사람일수록 영혼 구원에는 관심도 없고 인색합니다. 하나님께 드린 만큼 하늘의 상급이 쌓여 있는 줄을 믿으시기 바랍니다.

7부

선교 명령에는
핑계가 없습니다

교회,
마지막 때를 바라보다

1
깨어 재림을
준비해야 할 때

너희는 마음에 근심하지 말라 하나님을 믿으니 또 나를 믿으라 내 아버지 집에 거할 곳이 많도다 그렇지 않으면 너희에게 일렀으리라 내가 너희를 위하여 거처를 예비하러 가노니 가서 너희를 위하여 거처를 예비하면 내가 다시 와서 너희를 내게로 영접하여 나 있는 곳에 너희도 있게 하리라 요 14:1-3

이르되 갈릴리 사람들아 어찌하여 서서 하늘을 쳐다보느냐 너희 가운데서 하늘로 올려지신 이 예수는 하늘로 가심을 본 그대로 오시리라 하였느니라 행 1:11

예수님의 재림을 믿습니까? 예수님은 반드시 다시 오십니다. 나는 이 약속이 이루어질 줄로 분명히 믿고 사모합니다.

예수님은 부활하여 승천하시기 전에 제자들에게 지상명령을 주셨습니다.

> 그러므로 너희는 가서 모든 민족을 제자로 삼아 아버지와 아들과 성령의 이름으로 세례를 베풀고 내가 너희에게 분부한 모든 것을 가르쳐 지키게 하라 볼지어다 내가 세상 끝날까지 너희와 항상 함께 있으리라 하시니라 마 28:19-20

교회가 이 땅에 존재하는 궁극적인 목적은 주님이 제자들에게 주신 지상명령을 수행하는 데 있습니다. 동시에 성경은 종말의 징조에 대해 여러 곳에서 기록하고 있습니다.

> 무화과나무의 비유를 배우라 그 가지가 연하여지고 잎사귀를 내면 여름이 가까운 줄 아나니 이와 같이 너희가 이런 일이 일어나는 것을 보거든 인자가 가까이 곧 문 앞에 이른 줄 알라
> 막 13:28-29

마가복음은 좀 더 구체적으로 종말의 징조를 알려 줍니다.

> 민족이 민족을, 나라가 나라를 대적하여 일어나겠고 곳곳에 지

진이 있으며 기근이 있으리니 이는 재난의 시작이니라… 거짓 그리스도들과 거짓 선지자들이 일어나서 이적과 기사를 행하여 할 수만 있으면 택하신 자들을 미혹하려 하리라 막 13:8, 22

오늘날 우리 주변에서 일어나고 있는 일들을 조금만 유심히, 그리고 영적인 눈으로 바라보면 종말의 징조가 아닌 것이 없습니다.

지진과 재난의 기승

최근 들어 처처에 지진과 재난이 일어나고 있습니다. 일본의 대지진이 지구의 자전축까지 흔들었다는 보도가 있었고, 매년 허리케인이 세계 각 지역을 휩쓸어 수많은 인명 피해를 입힙니다. 그런데 문제는, 이 같은 기상이변이 지구 온난화와 밀접한 관련이 있기 때문에 앞으로 더 심해질 것이라는 전망입니다.

오늘 우리는 심각한 종말의 징조를 보면서 이 땅을 살고 있습니다. 그런데 예수님은 건강한 종말론, 준비된 종말론, 그리고 예수님의 재림을 고대하는 소망의 종말론을 가질 것을 주문하고 있습니다. 그것이 심각한 종말의 징조 가운데서도 우리가 더 강건하게 소망을 붙잡고 행복하게 살 수 있는 길이기 때문입니다.

그리고 이러한 재림 신앙은 곧 세계 선교에 대한 헌신으로 연결됩니다.

목숨을 거는 기도

오늘날 기독교의 가치를 부정하거나 희석시키려는 사람들이 대통령이나 수상 등 한 나라의 지도자들로서 활약하고 있습니다. 노골적으로 기독교 정신을 거부하거나 반대하는 지도자가 있는가 하면, 오히려 크리스천인 척하면서 실제로는 기독교 정신과 가치관을 희석화하는 데 앞장서는 지도자도 있습니다. 그들은 성경을 무시하고 역사적 예수조차 부정합니다. 심지어는 인권을 앞세워 동성애를 법으로 허용하고 장려하기도 합니다.

오래전 미국 대통령 선거에서 민주당 후보인 오바마 대통령과 공화당 후보인 롬니 후보가 겨뤄 결국 오바마 대통령이 당선되었습니다. 오바마 대통령은 대선을 앞두고 동성결혼을 인정하고, 낙태를 합법화하겠다는 입장을 표명했습니다.

이 두 가지는 미국 대통령 선거에서 늘 입에 오르내리던 안건이었으며, 모두 성경적 가치관과 정면으로 대치되는 것입니다. 다시 말해 오바마는 비성경적인 가치관을 인정하는 쪽으로 자신의 입장을 밝힌 것입니다.

미국은 영적으로나 도덕적으로 심각한 타락의 길로 가고 있습니다. 미국 전역에서는 하나님의 결혼관을 대적하는 동성결혼이 합법화되었으며, 일부 교단에서조차 이 동성결혼을 인정하고 나섰습니다. 해당 교단에 속해 있는 한인 교회들은 심각한 분열과 혼란을 겪고 있습니다. 결혼증명서에 사인을 해 주어야 하는 판사

들 중에서 신앙 양심을 가진 이들은 스스로 판사직을 사임하기도
합니다.

　의인 열 명이 없어 망해 버린 소돔과 고모라 땅처럼, 동성결혼
이 잘못된 것이라고는 생각하지만 종교 지도자들마저 청교도의
신앙이 흐려져 담대하게 외치지 못하는 것이 미국의 현실이 되었
습니다.

　감사하게도 나는 제64회 '미국을 위한 국가 기도의 날'(National
Day of Prayer)의 기도자로 초청을 받았습니다. 미국에서 국가 기도
의 날이 제정된 지 64년 만에 처음으로 한국인 목사가 기도자로
선정된 것이었습니다. 내게는 7분의 기도 시간이 주어졌습니다.
LA 공항을 출발해 워싱턴으로 가는 비행기 안에서 가슴을 두드리
며 울리는 소리가 있었습니다.

　'이때를 위함인가!'

　정치가의 꿈을 안고 한국을 떠나 미국에 온 나를 하나님은 주의
종으로 만드셨습니다. 가난한 신학생이었지만 가족마저 등을 돌려
돌아갈 곳조차 없는 처지가 되어 교회 기도실에서 6개월을 숙식하
며 기도하던 시절이 떠올랐습니다. 등을 돌려 버린 가족이 섭섭하
기보다는 주님을 모르고 살아간다는 사실에 가슴이 미어져 40일을
금식하며 부르짖던 기도에 하나님은 응답해 주셨습니다. 어머니가
하나님을 알게 되었고, 내 형제, 조카들, 조카의 자녀들까지 9명의
가족이 주의 종이 되어 쓰임 받게 해 주셨습니다. 이 모든 은혜가
이때를 위함이라는 생각이 들었습니다.

나는 전국에 생중계로 방송되는 7분 동안 동성결혼을 허용하는 이 땅의 죄를 용서해 달라고 기도했습니다. 성경적 결혼의 정의에서 벗어난 동성결혼은 하나님의 법을 대적하는 일임을 선포했습니다. 그 7분 동안 하나님의 역사하심을 기대하며 사력을 다해 기도했습니다.

기도 후 솔직한 심정은 '내가 살아서 이 도시를 떠나 집으로 갈 수 있을까' 하는 마음이었습니다. 그러나 그런 마음이 들 때마다 '죽으면 죽으리이다'라던 에스더의 담대함을 기억했습니다.

주님은 기도하는 자를 통해 일하십니다. 우리는 주님의 역사하심에 소망을 갖고 기도해야 합니다. 안타까운 마음으로 미국, 나아가 온 세상의 영적 대각성을 위해 기도해야 할 때입니다.

깨어 준비하라

> 허리에 띠를 띠고 등불을 켜고 서 있으라 너희는 마치 그 주인이 혼인 집에서 돌아와 문을 두드리면 곧 열어 주려고 기다리는 사람과 같이 되라 눅 12:35-36

현대인들은 예수를 믿든 믿지 않든 갈수록 예측하기 힘든 천재지변과 자연재해를 목도하면서 종말에 대해 자주 말합니다. "말세구나", "종말이 가까웠나 보다"고 말하는 것입니다.

마태복음 24장에서 예수님은 마지막 때의 징조에 대해 설명하시면서 '곳곳에 지진이 있을 것'과 '기근과 전쟁의 소문 그리고 많은 사람들이 사랑이 식어질 것'을 말씀하셨습니다.

동성결혼은 물론 인간복제라든지 핵 문제 등이 심각한 위협이 되고 있습니다. 지금 미국이 보유한 핵무기는 지구를 열 번 파괴하고도 남을 만한 폭발력이 있다고 합니다.

> 그러므로 너희도 준비하고 있으라 생각하지 않은 때에 인자가 오리라 하시니라 눅 12:40

항상 준비되어 있고 깨어 있는 사람은 언제 올지 모르나 반드시 오실 주님을 맞을 준비가 되어 있는 사람입니다.

'깨어라'는 '영적으로 깊은 잠에서 깨어나라'는 뜻입니다. 형통할 때, 뭔가 일이 잘될 때, 뭔가 내가 원하는 것이 이루어졌을 때 방심하면 안 됩니다. 신앙생활에서 가장 조심해야 할 순간이 '이 정도면 되었지' 하는 때입니다. '이 정도면 신앙생활 잘하는 거지', '이 정도면 뭔가 이룬 거지' 하는 때입니다.

마태복음 25장에는 신랑을 기다리는 열 처녀 이야기가 나옵니다. 열 처녀 모두 신랑을 기다리며 등을 준비했습니다. 하지만 신랑이 너무 늦으니까 졸다가 잠이 들었습니다. 그러다 "신랑이 오신다"는 소리가 들리자 처녀들은 허둥지둥 일어나 신랑을 맞으러 나갑니다. 하지만 열 처녀 중 다섯 처녀는 등은 물론 기름까지 준비했으나 나머지 다섯 처녀는 등만 준비하고 기름이 없었습니다. 그러자 나머지 다섯 처녀가 기름을 준비한 처녀들에게 기름을 빌려 달라 합니다. 하지만 준비한 기름은 나눠 줄 만큼은 아니었으므로 거절당합니다.

지혜로운 사람은 신랑을 기다리면서 기름을 준비합니다.

아무리 좋은 차도 기름이 떨어지면 무용지물입니다. 기름이 떨어진 차는 보기에만 좋을 뿐입니다. 별 볼일 없는 차도 기름이 있으면 쌩쌩 달릴 수 있습니다.

하나님은 우리를 통해 놀라운 일들을 이루시기 원합니다. 하지만 우리가 영적으로 깨어 있지 못하고 준비되어 있지 못하면 아무리 크고 놀라운 계획도 무용지물이 되고 맙니다. 주님이 오시는 날에, 우리를 통해 열방이 주께 돌아와 주를 경배할 수 있도록 깨어 준비하기를 기도합니다.

2

생명을 주고
생명을 얻는 선교

　　'생명을 주고 생명을 얻는 선교', 참으로 가슴이 뛰는 말입니다. 나는 이 말을 들을 때마다 19세기에 하와이에서 한센병 환자들을 위해 자신을 바친 다미엔 선교사를 떠올리게 됩니다.

　다미엔 선교사가 복음을 전하기 위해 하와이 섬에 도착했을 때는 불과 23세의 젊은 청년이었습니다. 그는 복음의 순수한 열정을 가지고 한센병 환자들을 전심을 다해 간호했습니다.

　하루는 그가 "육신은 한센병으로 인해 날로 후패해지지만 영혼만은 그 어떤 사람들보다 건강하고 청결한 삶을 유지해야 한다"는 말씀을 전하고 집으로 돌아가는 길이었습니다. 다미엔 선교사 앞으로 두 명의 한센병 환자들이 걸어가면서 그날 그에게서 들은 설교 말씀을 가지고 서로 이야기를 나누고 있었습니다. 뒤에서 걸으며 그들의 이야기를 흥미롭게 듣던 중 다미엔 선교사는 문득 발걸음을 멈추지 않을 수 없었습니다.

"흥, 다미엔 선교사는 자기가 건강하니까 그런 말을 쉽게 할 수 있지. 우리 입장이 되어서 손가락, 발가락이 썩어 떨어져 나가는 신세가 되어 보라고 해. 그때도 그런 소리를 할 수 있는지 말야."

그날 밤 다미엔 선교사는 큰 충격에 빠져서 하나님께 울며 이렇게 기도했습니다.

"하나님, 저도 한센병 환자가 되게 해 주시옵소서. 그래야 저들에게 비로소 살아 있는 당신의 복음을 전할 수 있겠습니다."

그의 기도가 응답된 것인지 몇 년 후 그는 정말로 한센병 환자가 되었습니다. 이후 그는 평생을 한센병 환자들과 함께 살며 성경을 가르치고 복음을 전하다가 생을 마쳤습니다.

오늘날 하와이 호놀룰루의 중심가에는 다미엔 선교사의 동상이 우뚝 서 있습니다. 그는 하와이에서 가장 존경받는 인물이 되었을 뿐만 아니라 그를 통해 하와이에 복음의 꽃이 피어 섬 전역에 교회가 세워졌습니다.

생명을 얻기 위해서는 생명을 주어야 합니다. 생명을 아끼지 않는 선교만이 선교지에서 온전한 열매를 거두게 됩니다.

오늘날 세계 각처에서 복음을 전하는 선교사들도 다미엔 선교사 못지않은 헌신을 하고 있습니다. 몸이 아파도, 자식 걱정이 태산 같아도, 암 진단을 받았어도, 선교지에서 복음을 전하기 위해 모든 것을 뒤로하고 아낌없이 헌신하고 순종하고 있습니다. 그들의 헌신으로 전 세계에 6천여 교회가 세워져서 100만 명 이상이 회심하고 주님을 영접할 수 있었습니다.

좋은 소식을 전하는 자

주전 490년, 페르시아의 다리우스 왕이 그리스 아테네를 침공했습니다. 그리스의 도시국가인 아테네는 대제국 페르시아에 비하면 어느 모로 보나 상대가 되지 않았습니다. 다리우스 왕은 전함 6백 척, 보병 10만 명, 기병 1만 명의 대병력을 이끌고 마라톤 광야로 침공해 들어갔습니다. 이에 맞서는 아테네 군사는 고작 만여 명에 불과했습니다. 도무지 상대가 되지 않는 전쟁이었습니다.

하지만 모두의 예상을 깨고 아테네의 지략가 밀티아데스 장군은 고작 1만 명의 병사를 데리고 10만이 넘는 대군을 물리쳤습니다.

"우리가 이겼다! 아테네가 이겼다!"

이 승전보를 전하기 위해 필립피데스라는 병사가 마라톤 광야에서 아테네까지 42킬로미터를 쉬지 않고 달려갔습니다. 그리고 그는 마침내 아테네에 도착해서 "우리 아테네 군대가 승리했다!"는 승전고를 시민들에게 전하고 쓰러져 숨을 거두었습니다. 필립피데스는 '승리했다'는 기쁨의 소식을 전하기 위해 자기 생명을 내놓고 달린 것입니다.

복음은 아테네의 승전고보다 더 큰 기쁨입니다. 온 인류에 전할 기쁜 소식입니다. 그리고 우리는 이 기쁜 소식을 전할 사명을 받은 사람들입니다. 따라서 우리는 필립피데스처럼 목숨을 내놓는 심정으로 복음을 들고 복음을 모르는 사람들을 향해 달려가야 할 것입니다.

선교는 해도 되고 안 해도 되는 그런 일이 아닙니다. 지금 이 시간에도 수많은 영혼이 이 기쁜 소식을 알지 못한 채 죽어 가고 있습니다. 위임받은 우리는 당연히 그리고 반드시 선교의 사명을 감당해야 합니다.

세계 선교를 마무리 짓는 교회

하나님은 교회에 '세계 선교를 마무리 짓는' 엄청난 사명을 주셨습니다. 예수님은 부활하여 승천하시기 전에 제자들에게 지상명령을 주셨습니다. 따라서 교회의 존재 목적은, 예수님이 제자들에게 주신 지상명령을 이루어 드리는 것입니다.

종말은 반드시 옵니다. 주님이 약속하셨기 때문입니다. 우리는 그 시기와 때를 알 수 없으나 거짓 그리스도의 출현, 전쟁의 소문, 기근과 지진 등으로 종말의 징조를 알 수 있습니다. 그러나 성경은 그것이 끝이 아니라고 말합니다.

그러면 언제가 끝입니까?

> 이 천국 복음이 모든 민족에게 증언되기 위하여 온 세상에 전파
> 되리니 그제야 끝이 오리라 마 24:14

온 세상에 복음이 전파되는 날, 세상의 가장 미개한 땅에까지 복음이 전해지는 그날이 바로 종말이 오는 날입니다. 이날은 세계 열방과 민족을 향해 예수 그리스도의 복음을 전하는 세계 선교의 모든 노력이 마무리되는 날이기도 합니다.

그런 면에서 세계 선교는 종말과 밀접한 관계가 있으며, 세계 선교를 마무리하는 소망은 곧 예수님의 재림을 고대하는 것과 같습니다.

세계 선교의 마무리는 어떤 특정한 교회가 단독으로 할 일이 아닙니다. 이것은 모든 교회, 모든 믿는 사람들이 힘을 합쳐 주님의 재림을 고대하는 심정으로 감당해야 합니다.

미전도종족 선교

미전도종족에 대한 선교는 이 시대의 사명입니다. 주님의 재림을 준비하고 세계 선교를 마무리하는 데 가장 핵심적인 사역이기 때문입니다.

미전도종족이 밀집되어 있는 '10/40 창'(유럽, 아시아, 아프리카 지역의 북위 10~40° 사이에 있는 지역으로 오늘날 복음화가 가장 안 된 곳) 지역에 살고 있는 수십억 명의 사람들은 평생 동안 단 한 번도 복음을 접할 기회를 얻지 못하고 있습니다.

은혜한인교회는 지난 수년 동안 꾸준하게 인도에 단기선교팀을 파송해서 선교를 하고 있습니다. 성령님의 인도에 따른 것으로, 우리가 뿌리는 복음의 씨앗이 언젠가는 수천 개의 교회가 세워지는 것으로 열매를 맺게 될 줄 믿습니다.

이미 지난 2012년에 두 지역에서 교회를 짓고 헌당예배를 드렸습니다. 얼마 전까지만 해도 대부분의 사람들이 예수의 이름조차 들어 본 적 없던 그곳에 예수님의 몸된 교회를 현재 네 곳이나 헌당하게 되었습니다.

우리는 이 교회들을 지역 '센터교회'라도 부릅니다. 이 '센터교회'를 중심으로 그리고 '현지인 사역자들'이 중심이 되어 예수의 복음이 마른풀에 붙은 들불처럼 거침없이 인도 전역을 향해 퍼져 나가고 있습니다.

예수님을 영접한 지 얼마 되지 않은 현지인 사역자들의 열심과 그 순수한 열정은 정말 감동적입니다. 워낙 가진 것이 없는 사람들인지라 그들은 애초부터 소유에서 자유롭습니다. 그렇다 보니 그들의 발목을 붙잡는 조건, 환경이 그리 많지 않아서 열정을 가지고 복음 사역자로 뛰어들어 복음 전파 사역을 감당하고 있습니다.

문명으로부터 동떨어진 지역의 원주민들은 항생제, 진통제 등

현대 의약품을 한 번도 사용해 본 적이 없는 사람들이 많습니다. 그런 사람들이 병이 들었을 때 진통제 또는 항생제를 조금만 투여해도 약효가 즉각적인 것을 봅니다.

마찬가지로 예수의 이름을 한 번도 들어 본 적이 없는 심령에 복음의 씨앗이 들어가면 즉각적인 치유와 역사가 일어납니다. 인도 선교에서는 이와 같은 일들이 일상처럼 일어나고 있습니다.

선교는 지금 해야 한다

> 이 천국 복음이 모든 민족에게 증언되기 위하여 온 세상에 전파되리니 그제야 끝이 오리라 마 24:14

마지막 때에 우리가 힘써 해야 할 일은, 예수라는 이름은 물론 복음을 한 번도 들어 보지 못하고 죽어 가는 미전도종족에게 복음을 전하고 선교사를 파송하며 주님의 일을 감당하는 것입니다. 세상 끝까지 복음이 전해지면 예수님이 다시 오신다고 하셨습니다. 그렇다면 우리가 사업을 하든 직장을 다니든 무슨 일을 하든지 오직 복음을 증거하는 일을 최우선으로 삼아야 할 것입니다. 각자 주어진 일에서 성공하고 결실을 맺어야 하는 이유도 선교하기 위해서입니다. 복음을 전하기 위해서입니다.

우리는 세상에 눈을 돌릴 시간이 없습니다. 작은 싸움에 시간을 낭비하고 힘을 쏟으면서 살 시간이 없습니다.

은혜한인교회는 2007년 4월 'GMI(Grace Ministries International) 선교사 훈련원'을 개원해 한국과 세계 각지에서 모인 선교사 후보생들을 훈련시키고 또 그들을 미전도종족 선교지에 파송하는 일에 힘을 쏟고 있습니다. 우리가 이런 노력을 하는 이유도 마지막 때를 깨어 준비하기 위해서입니다.

성령님은 "누가 복음을 들고 가겠느냐?"고 지금도 우리 모두에게 말씀하고 있습니다. 세상에 눈을 돌리고 있느라 이 음성을 듣지 못하고 순종하지 못하고 있지 않습니까? 지금은 깨어 마지막 때를 준비할 때입니다.

"목사님, 저는 은혜한인교회가 선교하기 때문에 이렇게 엄청난 축복을 받는 것을 잘 압니다."

어떤 목사님이 저에게 한 말입니다. 그 목사님은 성도가 50~60명 모이는 교회를 담임하고 있는데 제직회에서 선교해야 한다고 말하면 "아니, 목사님, 우리 교회는 목사님 사례도 제대로 못 드리는데 무슨 해외 선교입니까?" 하며 반대해서 자꾸 좌절된다고 했습니다. 지난 2년 동안 꾸준히 설득했지만 선교도 못했을뿐더러 사례비도 제대로 받지 못했다고 했습니다. 그래서 어느 날 목사님은 결단을 하고 성도들에게 이렇게 선포했습니다.

"성도 여러분, 이제 더 이상 선교를 미룰 수 없습니다. 지금 만여 달러가 교회 재정으로 있는데 이것을 선교비로 드려야겠습니다."

이렇게 해서 중국에서도 사정이 매우 어려운 선교지에 선교비를 보내기 시작했습니다. 그러자 하나님께서 그 교회에 놀라운 은혜를 주셨는데, 그들 힘으로는 상상도 할 수 없던 성전을 얻게 된 것입니다. 물론 목사님의 사례비도 제대로 받게 되었습니다.

선교는 현실적으로는 불편한 일입니다. 희생이 따르는 부담스러운 일입니다. 그러나 영혼을 살리는 가장 가치 있고 영광스러운 일이기에 가장 보람된 사역입니다.

한국도 100여 년 전만 하여도 미전도종족 국가 중 하나였습니다. 이름도 빛도 없이 한국의 복음화를 위해 자신의 생명을 바쳐 선교해 준 선교사님들의 희생이 있었기에 오늘날 우리가 선교하는 민족, 선교하는 국가가 될 수 있었습니다.

은혜한인교회는 창립부터 지금까지 "선교는 기도, 선교는 전쟁, 선교는 순교"라는 표어를 바탕으로 순교적 영성을 가지고 힘차게 달려가고 있습니다. 전 세계에 파송되어 이름도, 빛도 없이 헌신적으로 사역하는 우리 선교사님들을 생각하면 얼마나 자랑스러운지 모릅니다. 선교사님 한 분 한 분은 사도행전 29장을 기록하고 있는 하나님의 군사들입니다. 사역지에서는 지금도 초대교회 때 일어난 놀라운 성령의 역사가 나타나고 있습니다. 그것을 기록한다면 수백 권의 책으로도 부족할 것입니다.

지금도 세계 각 지역에 신학교들이 세워져서 현지인 사역자들을 키우고, 그들로 하여금 그 지역에 교회들을 세우고 사역할 수 있도록 하고 있습니다. 은혜한인교회는 이제 미전도종족 선교를 위해서, 그리고 마지막으로 북한과 이스라엘 선교에 총력을 기울

일 것입니다.

하나님께 더욱 감사한 것은 선교하는 교회의 선교 비전에 동참하는 성도들의 헌신입니다. 그들은 성전 건축으로 재정 압박을 받던 순간에도 결코 선교를 멈추지 않은, 선교하는 교회의 DNA를 가진 성도들입니다.

또한 우리는 선교사님들을 위해 항상 눈물로 감사하며 기도합니다. '선교는 우리가 선교사를 돕는 것이 아니고 선교사가 우리를 돕는 것이다'라는 정신으로, 우리를 대신해서 선교지에 나가 사역하는 선교사님들에게 늘 감사함으로 동역하고자 합니다.

미국 내 이민 교회의 80퍼센트가량이 선교사 파송을 못하는 것으로 알고 있습니다. 그들은 하나같이 '교회 재정이 넉넉하지 않다'고 말하면서 선교를 뒤로 미룹니다. 그러나 누구든지 눈앞에 놓인 환경과 조건만 보면 선교할 수 없습니다. 다만 하나님의 부르심에 순종으로 나아갈 때 선교할 수 있습니다. 그러면 하나님이 환경과 조건을 책임지고 길을 열어 주십니다.

그러므로 작은 교회도 얼마든지 선교할 수 있습니다. 순종으로 결단하면 지금 있는 모습 그대로 하나님께 쓰임 받을 수 있습니다.

또한 한 가정이 한 선교지를 후원할 수 있습니다. 사업을 크게 일군 사람이라도 한 선교지조차 후원하지 못하는 사람이 많습니다. 그러나 평범한 직장인으로서 열 개가 넘는 교회를 후원하는 사람도 있습니다.

사람의 생각과 계산으로는 선교할 수 없습니다. 하나님께 맡기고 나아갈 때 하나님이 선교의 길을 열어 주십니다.

우리는 먼저 은혜를 받은 자로서 늘 빚진 자의 심정으로 하나님 앞에 엎드려서 기도하지 않으면 안 됩니다. 우리 영혼의 진정한 만족은 결국 주님 나라에 갔을 때 받을 상, 하나님의 크신 은혜로 주실 상급에 있습니다. 그 비전이 있기에 오늘도 행복할 수 있습니다.

어느 날 크리스천 신문 기자 한 분이 "성공적인 목회란 무엇이냐?"고 물어본 적이 있습니다. 그때 나는 세상적으로 많은 업적을 남긴 것이 성공이 아니라 은퇴 후에도 지금보다 더 주님을 뜨겁게 사랑하는 것이라고 답변했습니다. 그것이 신앙생활의 성공이요 목회의 성공이라고 생각했으며, 그 생각은 지금도 변함없습니다.

신앙생활의 동기도, 사역을 하는 이유도 주님을 뜨겁게 사랑하기에 하는 것이어야 됩니다. 주님을 뜨겁게 사랑하면 육체가 병들어도, 사업이 잘 안 돼도, 삶에 어려움이 있어도 변함없이 주님을 섬길 수 있습니다. 오늘을 만족할 수 있는 신앙은 주님을 뜨겁게 사랑할 때만 가능한 것입니다.

목사 안수를 앞두고 전도사로 사역할 때였습니다. 나는 당시 섬기던 교회에 어느 집사님을 매우 안 좋게 판단하고 있었습니다. 그러던 중에 기도하는데 "성도는 사랑의 대상이지 판단의 대상이 아니다"라는 하나님의 음성이 들렸습니다. 하나님은 내가 성도를 판단하는 것이 잘못된 것임을 깨닫게 해 주셨습니다.

그때부터 나는 겉과 속이 같은 진실한 목회자가 되어야 한다는 생각으로 가득했습니다. 그러나 쉽지 않았습니다. 금식하며 기도해도 이 문제는 풀리지 않았습니다. 인간관계의 뒤틀림은 건강한 목회에 치명적인 약점이 되기에 선배 목사님을 찾아가서 상담도 해 봤지만 시원한 답변을 얻지 못했습니다.

실망한 마음을 가지고 있던 어느 날, 집회 중에 화목제물 되신 예수님의 십자가 사랑이 하늘로부터 내려오면서 제 마음에 닿는 것이 느껴졌습니다. 그러더니 놀랍게도 내 안에 뭉쳐 있던 미움이 사라지고 하나님의 사랑으로 충만해 지는 것이었습니다. 나는 그 날 그 집사님을 끌어안고 기쁨과 회개의 눈물을 얼마나 흘렸는지 모릅니다.

십자가 사랑이 최고구나!

하나님의 사랑이 큰 능력이구나!

사랑이 가장 큰 은사구나!

바울이 고린도전서 13장에서 말한 "내가 사람의 방언과 천사의 말을 할지라도 사랑이 없으면 소리 나는 구리와 울리는 꽹과리 된다"는 말씀이 깨달아지기 시작하였습니다.

그때부터 성도들이 정말 사랑스러워졌습니다. 주님을 더욱 뜨겁게 사랑하고 성도들을 진심으로 사랑하는 행복한 목회자가 되었습니다.

신앙생활이 행복한 것은 결단코 소유의 유무에 있지 않습니다. 주님의 십자가 사랑을 경험할 때 어떤 환경과 상관없이 행복하게 됩니다. 주님이 베드로에게 "네가 이 사람들보다 나를 더 사랑하느냐"고 물으신 이유는 사역보다, 세상의 어떤 성공보다 주님과의 사랑의 관계가 가장 중요하기 때문입니다.

주님께서는 내게도 "네가 나를 사랑하느냐?"고 물어보십니다. 나는 영원토록 주님을 사랑합니다. 주님 한 분으로 만족합니다. 이 놀라운 예수님의 십자가 사랑을 온 세상 사람들에게 전하고 싶습니다. 할렐루야!